Heinz Grill

Die Heilkraft der Seele

Der Lichtäther und der Lichtseelenprozess

Heinz Grill

Die Heilkraft der Seele

Der Lichtäther und der Lichtseelenprozess

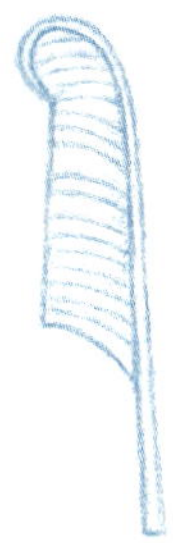

IMPRESSUM

Bibliografische Information der Deutschen Bibliothek
Die Deutsche Bibliothek verzeichnet diese Publikation in der deutschen Nationalbibliografie; detaillierte bibliografische Daten sind im Internet über *http://dnb.ddb.de* abrufbar.

Stephan Wunderlich Verlag
Gorheimer Straße 16
D-72488 Sigmaringen
Tel.: +49 (0) 7571 / 6870261
Fax: +49 (0) 3222 / 6268144
e-mail: info@stw-verlag.com
Internet: www.stw-verlag.com

Vollständig überarbeitete 3. Auflage des Buches
„Die Heilkraft der Seele und das Wesen des selbstlosen Dienens“

ISBN 978-3-9817200-2-0

Autor: Heinz Grill, www.de.heinz-grill.de
Zeichnungen: Flora Duley
Titelzeichnung: Die Lilie als Lichtsymbol im alten Ägypten
Satz, Layout: Petra Himmel
Druck: Druckerei Uhl GmbH & Co. KG, Radolfzell / Bodensee

Inhalt

Vorwort

Die vorliegende dritte Auflage ist eine vollständig überarbeitete und erweitere Neuauflage des 1996 letztmals erschienenen Buches. Es mussten für diese Neuauflage aber nicht die grundlegenden Gedanken der ersten Auflage verändert oder korrigiert werden, im Gegenteil: Die Inhalte wurden in der langjährigen Praxis bereits vielfach erprobt und haben sich bewährt. Sie wurden für diese zweite Auflage lediglich weiter ausgearbeitet, mit Fußnoten und Zeichnungen versehen und wieder in ganz neue Bezüge gestellt.

Neu finden sich die Begriffe des Lichtäthers und Lichtseelenprozesses. Diese wurden bereits von Rudolf Steiner geprägt und dem sogenannten Luftseelenprozess einer früheren Yogakultur gegenübergestellt. Diese Begriffe wurden aber in der hier vorliegenden Schrift nicht aus der Anthroposophie übernommen, sondern aus der eigenen Erkenntnissicht des Autors für unsere heutige Zeit neu beleuchtet und zu einem praktisch aufgreifbaren Inhalt entwickelt. Die Beschreibungen von Heinz Grill sprechen dabei nicht nur durch den Inhalt, sondern auch durch die Art und Weise der Sprachkomposition direkt zur Seele des Menschen. Die Texte können deshalb auch als wertvolle Meditationsinhalte aufgefasst werden. Aus eigener Erfahrung kann ich sagen, dass die Gedanken, wenn sie aufgegriffen, erwogen und weitergedacht werden, für jeden Menschen überraschende Heilkräfte freisetzen.

Stephan Wunderlich

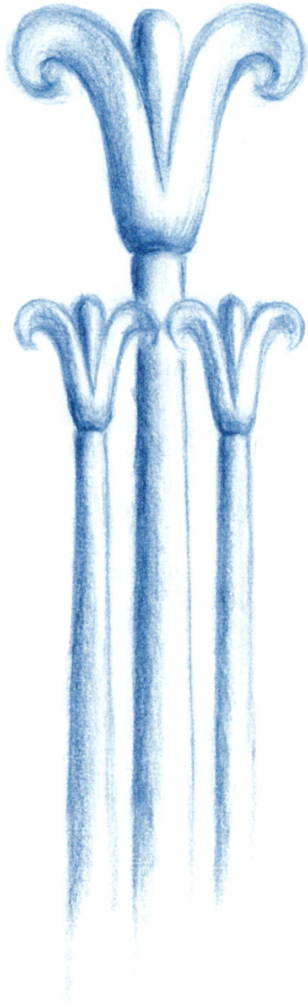

Die Lilie gilt von alters her als Lichtsymbol. In dieser ägyptischen Darstellung imponiert ihr großes Aufrichtevermögen. In ihrer Kombination, eine große Lilie in der Mitte, links und rechts begleitend zwei kleinere Exemplare, nimmt die Darstellung eine sehr schöne metrische und geformte Expression an. Die Lilie ist weiterhin bekannt als die Blume für Prophezeiungen.

Die Heilkraft der Seele

Der Lichtäther und der Lichtseelenprozess

1. Eine erste Vorstellung über die menschliche Seele

Die menschliche Seele lebt nur für sehr kurze Zeit innerhalb eines physischen Körpers, denn sie ist eine kosmische Seinsexistenz, eine Seinsexistenz aus Licht und Wärme, die einen weitaus größeren Raum wie auch eine umfassendere Bedeutung annimmt, als dies der menschliche Körper mit seinen psychischen und physischen Äußerungen geben könnte. Das Wort „kosmisch" ist für die Beschreibung der Seele unumgänglich. Die Erscheinung des Körpers ist ein Abdruck eines Kosmischen und damit auch individuell gewordenen Seelischen, aber dieser Körper muss für die Erkenntnis von dem kosmischen Existent-Sein der Seele unterschieden werden.

Eine Erkenntnis über die Seele und eine daraus entstehende Heilkraft verlangt deshalb für die folgende Betrachtung eine ganz neue unbekannte Blickrichtung, das heißt, sie verlangt ein Denken, das nicht nur innerhalb der Materie in Bezügen steht, sondern über die Materie hinaus in eine umfassende universale Beziehung gebracht wird. Nachdem der Körper verstorben und zur Erde mit seinen Elementen zurückgegangen ist, befreit sich die Seele und folgt auf uneingeschränkte Weise dem Weg zurück in den Kosmos. Sie geht in ihr spezifisches, genau gewobenes Lichtverhältnis ein. Der Kosmos besteht aus Licht. Seine Substanzialität ist das feinstoffliche, existierende und dennoch imponderable, das heißt nicht wägbare, Licht. Aus dem Jenseitigen, dem Nachtodlichen, dem größeren und weiteren Bestehen der subtilen kosmischen Welten mit ihren fluktuierenden und wirkenden Lichtessubstanzialitäten nahm die menschliche Seele ihren Anfang, begab sich teilweise in die Offenbarungen der irdischen Wirklichkeit hinein und schließlich kehrt sie eben mit dem Tod des physischen Körpers wieder zurück zu ihrem übersinnlichen, eigentlichen wahren Beheimatet-Sein.

Die wünschenswerte Entwicklung der Heilkraft der Seele, die aus einem Kosmischen entspringt, erfolgt aus diesem Grunde nicht durch spekulative Schlussfolgerungen, die abgeleitet sind von der irdischen Welt und ihren vielen psychischen Erscheinungen, sie erfolgt trotz des schwierigen Umstandes, der mit der übersinnlichen Welt gegeben ist, von der kosmischen und schließlich geistigen Warte. Die Augen blicken nicht von unten nach oben, sondern in der Erkenntnis, wenn sie die geistige Wirklichkeit mit in die Betrachtung einschließt, tatsächlich von oben nach unten, gewissermaßen nicht von der Gefangenheit, von der Materie ausgehend, von der sogenannten Spekulation, sondern von der Übersicht, von einer freien Position ausgehend, von einer Warte, die dem Sonnenstatus oder dem lichten Dasein entspringt, und entziffern aus diesem mit souveräner Klarheit die Wirklichkeit. (1)

Diese kosmische Sphäre oder Sternenwelt, die in der Mitte die Sonne trägt, die unmittelbar ein Licht ausstrahlt, gestaltet die irdischen Regionen und hinterlässt naturgemäß zunächst viele Rätsel. Die Seele lebt viel mehr in ihren höheren Daseinsformen, oder man kann sagen in Licht und Wärme, und berührt einen Körper, lebt sich sogar hinein in einen Körper, aber sie bleibt nicht auf diesen allein beschränkt, denn sie verweilt dennoch gemäß ihrer Seinsnatur als Bürger des Sonnen- und Sternendaseins. Die spezifischen Ausschnitte und Offenbarungen, die sie über einen Körper annimmt, geben dem Menschen eine lebenslange Aufgabe, die er zu entziffern versucht und die er vermutlich nur bis zu einem ganz geringen Teil erfassen und lösen kann. Der Gedanke aber soll unmittelbar in das Bewusstsein finden, dass diese Seele eine Realität ist und sie in diesem ganz konkreten Sinne eine erste größere Dimension eröffnet, als es die Sinne, die an der Materie kleben, geben können. Der Gedanke, dass die Seele nicht nur auf den Körper beschränkt ist, sondern real im gesamten Kosmos durch die Lichtsphäre fluktuiert, schenkt dem Gemüt bereits eine erste Offenheit und eine beginnende Möglichkeit zur Freiheit.

Jene Schwierigkeit eines Denk- und Empfindungsprozesses, der besagt, dass der Mensch nicht vom Leiblichen oder von der Materie und nicht von bekannten Erfahrungen und äußeren visiblen Phänomenen ausgehen darf, sondern von unbekannten, noch nicht sofort evidenzierbaren Gedanken und Inhalten oder von einer Idee, die er außerhalb seines bisherigen psychischen Umstandes anzunehmen beginnt, ausgehen muss, begegnet demjenigen, der einen Geistschulungsweg betritt und die Heilkraft der Seele, die im Kosmos ihre Heimat hat, in die Mitte rückt. Eine gewisse Selbstüberwindung und eine Art Vertrauen oder eine Form des Glaubens in einen gewagten, aber objektiven Gedanken, den der Einzelne bis in eine weitreichende Konsequenz denken kann, denkend aus einer Idee, die er bis in die Wirklichkeit erprobt, wiederholt, vergleicht und schließlich mit ersten Praxisschritten umsetzt, bewirken eine tiefgreifende Veränderung im Menschen, sogar eine Transformation, die infolge der Richtigkeit des zugrunde gelegten Gedankens und der Sorgfalt im Umgang mit diesem zu einer Heilung aus dem seelischen Dasein führt und im Körper einen Ausdruck nimmt. (2)

Viele Personen sprechen von der Arbeit mit dem Licht und in modernen esoterischen Kreisen gibt es heute wenige Konkretisierungen, wie und in welcher Form diese sogenannte Lichtarbeit aussehen könnte. Die Forschungsarbeit über das Wesen des Lichtes, das sich aus dem Kosmos verströmt, spezifisch über die Planeten und unmittelbar sogar aus den Sonnensphären, lässt den Zusammenhang leichter erahnen, dass dieses von oben kommende Licht mit dem seelischen Dasein des Menschen eine immanente und ontologische Verbindung aufweist und sich dieses gleiche Licht im Denken noch sehr frei und schließlich im Empfinden bereits auf individualisierte Weise zeigen möchte. Der Mensch ist durch seine Seele und seinen Geist ein unmittelbarer Träger des sonnenhaften Daseins, da er sein Denken nach universalen Gesetzen zu organisieren vermag und daraus einerseits individuelle Empfindungen, aber andererseits dennoch wahre Empfindungen, Empfindungen, die sogar mit dem seelischen nachtodlichen Dasein korrespondieren, entwickeln kann. Derjenige, der einen Geistschulungspfad betritt, bewegt sich mit seinem Denken deshalb nicht, sogar keinesfalls, in eine rein subjektive Wirklichkeit, sondern eröffnet sein Erkenntnisvermögen für weitreichende und größere universale Gesetzmäßigkeiten, die er schließlich bis in die irdischen Sphären erfassen und evidenzieren lernt.

Aus diesem genau benannten Grunde müssen für diese aphoristische kurze Schrift einige wenige Gedanken, die aus der Erkenntnis des Seelisch-Nachtodlichen entwickelt wurden und ganz besonders der Heilkunde seelischer Art dienen, zur Verdeutlichung geführt werden. Der Übende, der sich auf diesen Pfad begibt, schult sich in der wohl bemessenen Sorgfalt, den grundgelegten Gedanken, der aus der geistigen Welt entnommen ist, intensivst selbst zu denken und sich diesen bildhaft vorzustellen. Er beobachtet sein inneres Empfindungsleben und achtet auf die verschiedenen Wirkungen, die dieser Grundgedanke auf ihn ausübt. Er wird bald ein Gefühl entwickeln, ob dieser Gedanke wahr oder falsch ist, und schließlich äußert sich, nachdem er ihn als wahr empfunden hat, nachdem er ihn durch Wiederholung bis in die Lebenspraxis getragen hat, ein steigendes ausstrahlendes, umfassendes Wahrheitsgefühl und zuletzt ein stilles Wachstum im Willen, das sich im Ergebnis wie eine wirkliche Fakultät, wie ein gesteigertes Vermögen auf sein soziales Verhalten förderlich auswirkt. Gleichzeitig empfindet er einen Aufstieg im Innersten seines moralischen Lebensgefühls, eine zunehmende Freiheit gegenüber kollektiven Vereinnahmungen und eine größere rückerstrahlende Offenheit für die Erde und ihre einzelnen Forderungen.

(1) In verschiedenen spirituellen Lehren wird die Seele mit unterschiedlichen Begriffen benannt. In Sanskrit heißt sie beispielsweise *ātma*. Dieser Begriff entstand ethymologisch in einem Zusammenhang mit dem Atmen, und der frühere indische Geistgelehrte brachte die Seele mit den kosmischen Atemverhältnissen in Einklang. Nach den Lehren des Yoga entwickelt sich die Seele auf dreigliedrige Weise in *manas*, dem sogenannten Geistselbst, in *buddhi*, dem Lebensgeist, und schließlich in letztem Vollzuge in *ātman*, dem vollendeten durchgestalteten Geist des Menschen.

Nach Rudolf Steiner ist die Seele nahezu vollständig mit dem Begriff des sogenannten Astralleibes gleichzusetzen. Das Wort Astralleib bezieht sich auf die kosmische Planetensphäre und beinhaltet einen individuellen Leib, der jedoch mit den Sternen unmittelbar und beständig korrespondiert. Ein individueller Astralleib wäre nicht möglich, wenn es auf der einen Seite keinen physischen Körper geben würde, und auf der anderen Seite könnte es niemals jene kosmische astrale Substanz geben, wenn diese Himmelssphäre nicht im Zusammenhang mit dem Menschen und somit mit seiner Seele stehen würde.

Nach dem Philosophen Platon war beispielsweise die Seele die heute so wohlbekannte und vielgebräuchliche Psyche. In dieser Zeit der älteren griechischen Philosophie erlebte jedoch Platon die Psyche nicht in einem kleinen und engen Zusammenhang mit dem physischen Leib, sondern er fühlte den großen Lebensatem wie eine umfassende Himmelswirklichkeit. Das Wort Psyche bedeutet, ähnlich wie das orientalische Wort *ātma*, Lebensatem, Hauch. Der Begriff Seele könnte heute sicherlich nicht mehr leichtfertig mit Psyche gleichgesetzt werden, denn in der Gegenwart des Zeitgeschehens versteht man unter Psyche weniger kosmische Wirkenssphären, die in fluktuierendem Hauch den Menschen bewegen, durchdringen und mobilisieren, man versteht darunter vielmehr die verschiedenen Erscheinungsformen, die sich scheinbar weniger materiell bekunden, sondern mehr einer gefühlsmäßigen und psychologischen Erfahrung zugänglich sind. Die große weltumfassende hauchende Kraft, die Platon mit Psyche bezeichnete, ist aus der modernen Gegenwart entschwunden.

Die Seele bildet nach den hier folgenden Beschreibungen das mittlere Glied, das zwischen dem Geistesleben des Menschen und der physischen Erscheinung existiert. Es kann sich deshalb die Seele mehr an den Körper fixieren oder sie kann sich aus den Geistwelten inspirieren lassen und daher die physische Natur des Körpers mit Licht und transformierender Substanz durchdringen.

(2) Der Denk- oder Empfindungsprozess, der aus einer übergeordneten Idee seinen Anfang nimmt, ist zunächst tatsächlich eine abstrakte Leistung mit sogenannter theoretischer Bedeutung. Die Welt und ihre Erscheinungen sollen damit nicht geleugnet werden. Betrachtet der Einzelne beispielsweise eine Pflanze wie diejenige des Crataegus, des Weißdorns, und analysiert sie im Labor, erfährt er auf diese Weise von den Inhaltsstoffen oligomere Proanthocyanidine, Glykoside und Gerbstoffe. Die Wirkstoffe dieser Pflanze geben einem schwachen Herzen eine physiologische Stärkung und deshalb wird das Mittel bei Myokardinsuffizienzen von Seiten der Naturheilkunde begleitend eingesetzt.

Die ätherische Wirkung, die in der feineren Lichtsubstanzialität besteht, lässt sich jedoch nicht anhand der Wirkstoffe allein beurteilen. Die Ätherkraft einer Pflanze kann mit dem Auge nicht gesehen werden und deshalb muss sie zunächst einmal in einer spezifischen Gedankenarbeit zur ersten Entfaltung gebracht werden. Der Weißdorn nimmt das Licht von der Sphäre, zieht es relativ stark mit feinem bläulichem Schimmer in seine stachelige Atmosphäre heran, organisiert es um die kleinen weißen Blüten und wirkt auf diese Weise lichtätherzentrierend, er wirkt damit als Pflanzenstrauch sammelnd auf die Lebensäthersphäre im Herzen.

Dieser zweite Gedanke entfaltet sich in Form einer Vorstellungsbildung, ausgehend von einer realen Idee, das ist jene, dass im Licht Lebenskräfte verschiedener Art leben und diese durch eine geistige Sichtweise gesehen werden können. Diese Lebensäthersphäre ist vorstellbar und dadurch ist sie in den ersten Ansätzen, noch bevor der Übende hellsichtig wird, zunächst in rein abstrakter Annahme denkbar. Stoffe wie Glykoside mit heilkräftigen Wirkungen sind noch nicht über diesen Vorstellungsinhalt erfassbar. Dennoch lässt sich aber ein spezifisches, so zu nennendes ätherisches Lichtcharakteristikum im atmosphärischen Umfeld der Pflanze durch geistiges Studium erkennen. Aus dem Abstrakten beginnt die geistige Sichtweise, die jedoch keine Spekulationen, Träumereien oder Assoziationen zulässt, sondern ganz konkrete Gedanken erwägt und diese schließlich von der abstrakten Forschung langsam in die Beweisbarkeit und Nachvollziehbarkeit der irdischen, praktischen Welt führt. Die Idee jedoch, dass es ein so zu nennendes Lichtcharakteristikum bei einer Pflanze und ganz besonders bei einer Heilpflanze gibt, muss der Übende von allem Anfang an als mögliche Idee annehmen. Aus dieser Idee heraus kann er schließlich erst die Sichtweise für die spezifischen Ätherkräfte entwickeln. Aus diesem Grund wird nicht die irdische Welt verworfen, sondern der Denkprozess beginnt aus einer übergeordneten, zunächst abstrakten Idee und wendet sich schließlich mit dieser der Welt zu.

Horus ist nach der ägyptischen Mythologie im Bilde der aufgehenden Sonne benannt, Re ist die Gottheit der Mittagssonne, der Stunde des Zenits, und Atum ist die Gottheit der im Rot versinkenden Abendsonne. Osiris, die höchste Gottheit, regiert die Nachtphase. Sie ist die göttliche Gestalt des reinen Geistlebens, denn in der Nacht, wenn alles Treiben auf der Erde zur Ruhe gelangt und der physische Körper des Menschen schläft, wandert seine Seele hinauf in die geistigen Welten und trifft dort auf die Gottheit Osiris. Die Gottgestalt Osiris, hier in der Mitte des Bildes dargestellt, hat es nie in der irdischen Welt gegeben. Sie steht als große Gottheit in der jenseitigen Welt.

2. Wo hält sich die Seele im Nachtodlichen auf?

Die Seele als eigene Seinsexistenz folgt nach dem Abscheiden des physischen Körpers dem Fortgang des zur Erde zugehörigen Planetensystems. Rudolf Steiner spricht von den sieben Hauptplaneten, zu denen hinauf sich die Seele ausdehnt. Während des Aufenthalts im irdischen Tageserleben begrenzt sich die Seele auf das physische Erleben und auf ein gewisses enges Umfeld im Miteinander. Nach dem Tode aber ist sie frei und kann sich grenzenlos in die sogenannten kosmischen oder himmlischen Sphären ausdehnen. Sie lebt sich beispielsweise mit ihrer feinstofflichen Substanzialität in die kosmische Sphäre zwischen Mond und Erde ausdehnend hinein oder weitet sich zwischen Merkur und Erde. Die sieben Hauptplaneten sind der Mond, der Merkur, die Venus, die Sonne, der Mars, der Jupiter und schließlich der Saturn. Dennoch aber darf die Frage zu dem Verstorbenen mit seiner seelischen Konfiguration ausgerichtet werden: „Wo hältst du dich auf? Wo bist du?" Oder genauer ausgedrückt: „Wo und in welche Region bist du hineingegangen und wie stehst du aus dieser freieren feinen Region zu mir oder uns Menschen wieder in Beziehung? Wie und in welcher Form hältst du dich auf?"

Eine Seele kann nach geistiger Erkenntnis mehr oder weniger schnell von der Erde fortgehen. Die Geschwindigkeit dieses Fortgangs richtet sich nach dem Grade der Freiheit aus, denn wenn sie sich nach spirituellen Prinzipien zu entwickeln vermochte, so wird sie sehr schnell einen weiten und schnellen Eingang in die Planetensphäre mit großer Ausgedehntheit erlangen. Bestehen aber viele Abhängigkeiten und wollen die Hinterbliebenen den Verstorbenen durch Klagetöne, Vorwürfe oder auch falsche Verehrung nicht loslassen, so behindern sie den Fortgang und das Ausdehnungsbedürfnis dieses Verstorbenen.

Das Begräbnis des physischen Körpers interessiert jene Seelen, die sich zu spirituellen Inhalten fortentwickelt haben, in vielen Fällen gar nicht mehr sehr, denn es erscheint ihnen im Verhältnis zu den wirklichen und produktiven Aufgaben, die sie nun gegenüber den Hinterbliebenen vollbringen möchten, unwichtig. Die Seele besitzt ein intensives Bedürfnis nach Realisierung einer seelischen qualitativen Steigerung von Tugendkräften, nach wirklichem Wissen und nach Authentizität mit den universal gültigen Gesetzen. Sie ist lernbegierig und ersehnt nichts mehr, als diesem Bedürfnis im Nachtodlichen gerecht zu werden.

3. Die Zusammengehörigkeit der menschlichen Aura und der Seele

„Wo hältst du dich auf?" kann der Hinterbliebene noch einmal fragen und die Seele des Verstorbenen auf empathische Weise ansprechen. Es gibt nämlich tatsächlich einen definierbaren Ort, wenn man ihn so bezeichnet, einen sogenannten Ort des wartenden Aufenthalts, an dem sich die Seele mit einem Teil ihres Vermögens oder auch ihrer aufgeladenen und angestauten Bedürftigkeit aufhält, und dieser befindet sich an einer bestimmten Seite des hinterbliebenen Menschen, wie beispielsweise über dem Haupt oder lateral an der linken Seite, oder wieder wie eine periphere feine Umhüllung, nahezu wie zwei Meter, um den Menschen. Es ist sehr wichtig, dass der Begriff der Aura nun an dieser Stelle als reale feinstoffliche Wirklichkeit erachtet wird. Jeder einzelne Mensch besitzt nach geistiger Anschauung eine lichte Umhüllung, die Farben und Formen widerspiegelt, die bestimmte hellere und dunklere Zonen aufweist, die ausgedehnter oder enger sein kann, ruhiger oder unruhiger, loser oder kompakter. (1)

In einer sehr sorgfältigen Proportionalität liegt dieser sogenannte Seelen- oder Lichtesendpunkt, den der Verstorbene nun markiert, in der Aura und man kann die Gestalt oder das Wesen mit dem Begriff „astrale Substanzialität" benennen. Nicht physische Substanz, sondern ein gewordenes, gewobenes, spezifiziertes, in Farbe und Schattenseiten verdichtetes Licht bildet diese feine metaphysische Substanzialität. Mit empfindsamer feiner Substanz ist dieser Endpunkt aus dem Kosmos am hinterbliebenen Menschen in seiner Aura markiert. Er kann mehr oder weniger mit einer eingeschlossenen Art, wie hüllenähnlich, den Hinterbliebenen begleiten oder er kann auch sehr frei, weit, nahezu unberührt und freizügig, mit schönster Empfindungsgroßzügigkeit seine geometrische und farbenfrohe Formgestalt demonstrieren. Ist die Natur der Seele des Verstorbenen, die ihre Endlinie im astralen Proportionsverhältnis, ausgehend vom Kosmos und wieder hinzutretend zum Menschen, ihr exaktes Zugehörigsein in der Aura des Hinterbliebenen in seinem eigenen Farb- und Lichtkleid wählt, wenig entwickelt, so lebt etwas wie Bedrängendes und Eingeschlossenes. Es lebt im Umfeld des Menschen diese verborgene Hülle weiter und möchte sich mitteilen, aber sie kann sich in Folge der fehlenden Kommunikationswerkzeuge nicht mitteilen, und deshalb entstehen Bedrängnisse, die den Willen und die Emotionen in ihrer unbewussten Natur beunruhigen. Eine günstige Entwicklung des Seelenpotenzials, das der Verstorbene hinterlässt und mit einem Endpunkt auf die Aura, auf die persönlichen Lichtverhältnisse des Menschen zurückstrahlt, gibt angenehme erbauende Empfindungen, die alle Begegnungsformen erleichtern, die Gleichgewichtslage des Menschen fördern und die Gesundheit im natürlichen Verhältnis mit der Umwelt stärken. Die Seelen der Toten begleiten deshalb, wie Rudolf Steiner sagte, im willentlichen Gefühl oder gefühlsmäßigen Wollen die zurückbleibenden Menschen. Sie können die Hinterbliebenen aber auch mit empfindsamen und sehr förderlichen Lichtkräften begleiten und aus diesem angenehmen, freudigen Licht neue und unbekannte Qualitäten für das Bewusstsein und den physischen Leib stärkend abgeben. In jeder Form bleiben die Seelensubstanzialitäten eine mehr oder weniger lange Zeit, das heißt einige Jahre, bei den hinterbliebenen Menschen.

„Wo und in welcher Region hältst du dich auf?" und „Wie beeinflusst du mein Wohlbefinden und meine Zukunftsvisionen?" dürfen als Fragen weiter für diese Betrachtung gelten.

(1) Der Begriff der Aura stammt aus dem Griechischen und bedeutet Luft, Hauch, Brise. Heute ist es ein esoterischer Begriff geworden, der die metaphysische Lichtumhüllung des Menschen beschreibt. In der griechischen Mythologie war die Aura eine Begleiterin der Göttin Artemis. Im Allgemeinen lässt sich der Zusammenhang der Seele mit der menschlichen Aura sehr leicht erkennen, da die Seele einerseits den Körper empfindsam durchdringt, aber andererseits nicht allein auf den Körper begrenzt ist, sondern wie ein unsichtbarer Hauch in einer spezifischen Form und Farbenstruktur den Menschen, ganz besonders das Haupt, überstrahlt. Eine reale Erarbeitung des Seelenbegriffes kann deshalb ohne die Beschreibung der menschlichen Aura gar nicht erfolgen, denn diese zeigt ein metaphysisches Kräftetableau von Seelenstofflichkeit, und je nachdem, wie das Denken, das Fühlen und das Wollen, die drei Seelenkräfte, entwickelt sind, erstrahlen die Farben und Formen in anmutiger und weiter Ausdehnung.

Die Ähnlichkeit der Wortübersetzungen von Psyche, Aura und *ātma* zeigt, wie man mit der Seele in den verschiedenen Kulturen und Zeitepochen eine feinstofflich-luftige Existenzform verband. Diese Seinsexistenz ist nicht statisch, da auch das Luftelement in seinen hauchenden Bewegungen ständigen Veränderungen unterliegt. Das Seelentableau des Menschen, das konkret in der Aura sichtbar sein kann und doch aus dem Kosmos motiviert ist, dem Kosmos sogar zugehörig ist, unterliegt deshalb den verschiedensten Schwankungen.

In den vergangenen Zeiten des Mittelalters, beispielsweise zu Zeiten der großen Lehrer wie Albertus Magnus, studierten die Gelehrten wie auch die Künstler die verschiedensten Lichterscheinungen und Lichtverhältnisse. Aus diesen konnten sie sogar zu einer ersten Wahrnehmung des Engels gelangen und die Künstler vermochten diesen Engel in seiner ätherischen Natur zu malen. Heute kann ebenfalls das Studium des Lichtes zu einigen wesentlichen Erkenntnissen beitragen. Jedoch lässt sich das Licht nicht unmittelbar im leeren Raum, sondern nur an all jenen Reflexionen studieren, die die Erde und die Gegenstände bieten. In manchen Phasen tritt dieses Licht dem Auge wie selbstleuchtend, entgegenleuchtend, öffnend, blütenartig gegenüber, erhellt ohne Anstrengung die Sinne, und in anderen Phasen wieder zeigt es sich wie in sich verschlossen, entzieht sich dem Blicke und besetzt, verdichtet oder verschließt förmlich den Raum. Manchmal entwickelt es farbenfrohe Ausstrahlungen und ein anderes Mal nimmt es die Farbe von den Gegenständen hinweg.

Das glitzernde, entgegenstrahlende, erhebende und raumschaffende Berühren des Lichtes an den Blättern, Zweigen und Blüten äußert in einem nahezu ähnlichen Bild, dass sich der Himmelskampf im glücklichen und günstigen Aufbau befindet und sich jene Empfindungen, die sich aus dem schweren Seelenstoff erheben wollen, durchsetzen können. Es schenkt eine Andeutung der sogenannten Lichtätherwirksamkeit. Diese offenbart eine wachsende Empfindungsfreiheit, die sowohl das nachtodliche Seelenleben als auch das irdische Dasein betrifft und gleichzeitig die Gemütsnatur des Menschen besser und empfindungsfreudiger mit der Außenwelt verbindet.

Das Studium des von Raffael geschaffenen Michaelbildes mit dem Drachen zeigt sehr eindeutig, wie dieses Licht aus sich selbst heraus im Erzengel zur Offenbarung drängt und wie es in der leichten Schwebe bleibt. Der eiserne Speer verbleibt im Schwunge, ohne die Finsternis, den Drachen, wirklich zu verletzen. Der Kampf, der in dieser Figur dargelegt ist, ist kosmischer Art und findet deshalb im Lichte selbst statt. Der Drache geht nach unten und dies ohne eine physische verletzende Berührung. In der Folge erstehen die Empfindungen auf, die die Seelenstofflichkeit im Kosmos darstellen und den Menschen mit universal gültigen und gesundheitsfördernden Gefühlen mit der Erde versöhnen.

Im Original erscheint der Michaelsengel farblich bunt, leicht golden, kräftig im Antlitz, wohl geformt in den Gliedmaßen und siegessicher in der Handhabung des eisernen Speers. Eine kosmische Dimension lässt sich im Zusammenwirken der Farbenkombinationen und des unmittelbar lebendigen Bewegungsmomentes im Hereintreten des Engels erahnen.

Raffaels Darstellung des Erzengels Michael ist neben dem hervorragenden malerischen Können in besonderer Weise wertvoll, da sie auf schönste und ausdruckskräftige Weise den Lichtäther unmittelbar hervorbringt.
Die Gestalt geht dem Menschen entgegen, sie erscheint wie aus dem Licht selbst hervortretend, dies ist gerade der Umstand des sich öffnenden Lichtes, in dem die Ätherkräfte in Form von Gestaltung heraustreten und sich in die Wirkenssphäre des Schaffens begeben. In dieser nachgezeichneten Darstellung können diese Elemente des bewegten Entgegengehens außerordentlich gut in die Erfahrung gelangen.

4. Die astrale Wirklichkeit und die Erschaffung von neuen und höheren Formen der Moralität

In der astralen Welt, in den Sternen, in jenen Regionen des übergeordneten Firmaments lebt des Weiteren ein unsichtbarer Kampf, der sich in feinstem Lichte gegenüber einer Art Verdichtung offenbart. Dort im Himmel, in der Sphäre des Mondes bis hinüber zum Saturn, den kleinsten und den größten Umkreisen, weht nicht nur stille Ruhe und keinesfalls ruht in diesen ausgedehnten Ebenen eine Art Unbewegtheit oder eine wie vielleicht in banalen Meditationen vorstellbare friedvolle Einheit. Der Himmel schenkt zunächst alles andere als eine paradiesische und sogleich friedvoll bestehende Ruhe. Es pulsiert in dieser Region ein hohes, sogar ein höchstes Entwicklungsstreben, das sich in Polaritäten und gewissen Gegensätzen zeigt. Dieses starke Bedürfnis und Begehren nach Fortschritt leisten die sogenannten höheren Hierarchien, die Engelskräfte. Die Toten begegnen deshalb den Engeln im Kosmos und erfahren die verschiedensten Gefühle und Empfindungen. Den Kampf, der in diesen Himmelsregionen stattfindet, führen nicht primär die Toten, sondern diese höheren Hierarchien, vor allem die Erzengel. Es finden deshalb für die Seele nicht eine vollkommene Ruhe und Einkehr in den paradiesischen Himmel nach dem Tode des physischen Körpers statt, sondern erneute, erwachende und manchmal überraschende, große Spannungen, die in gefühlsmäßigem Bewegtsein erlebt werden. Wie lässt sich diese Entwicklungsbewegung der Gefühle im Kosmos, im Sternenreich, das eine Beziehung zum hinterbliebenen Menschen nimmt, weiterhin verstehen?

Das Wissen der geistigen Welten korrespondiert in den selteneren Fällen mit den irdischen Denkprinzipien und deshalb will der Erzengel beispielsweise die Dominanz des weltlichen Wissens durch ein höheres Wahrheitsbewusstsein niederwerfen. Ebenso verkehrt er mit den sogenannten emotionalen Bindungen, die das Gefühlsleben zu stark an den Körper fixieren. Der Erzengel will wahre Empfindungen im Gegensatz zu Emotionen des Körperabhängigseins fördern. Er will mit dem irdischen Wissen die universalen Seelenprinzipien von einem Wahrheitsdenken und Wahrheitsempfinden verknüpfen und damit die Seele des Menschen auf eine Ebene erhöhen, die für diese angemessen ist, er will den Menschen zu einer universal gültigen Stellung im Kosmos erziehen. Die Seele erlebt das universale Prinzip im Gegensatz zu den kleinlichen Wahrheitsansprüchen und emotionalen Forderungen, die im irdischen Treiben das Leben beschweren. Schwere ist es im Gegensatz zur Leichtigkeit, die in den Gefühlen im Kosmos erlebt wird.

Vergleichsweise betrachtet existieren im irdischen Dasein die verschiedensten Formen von Kämpfen, Kriegen, Konflikten, Eroberungszügen, Streitigkeiten, konkurrierenden Machtbegierden und schließlich daraus resultierenden Überlebenskämpfen. In der nachtodlichen Daseinsform, in der die Seele in ihr feinstes und intimstes schon möglich gewordenes Licht- und Wärmekleid eintritt, in ihre leichte und unbeschwerte Empfindung, wenn man diese so bezeichnet, und sich über den Kosmos ausdehnen kann, sich von der irdischen Schwere frei, von einer körperlichen Abhängigkeit losgelöst zu bewegen vermag, erlebt sie aber all jene Anteile, die noch nicht universale Gültigkeit haben und somit den irdischen Abhängigkeiten unterliegen. Es atmet oder pulsiert jene besondere Kampfessituation, die die Erzengel nun hervorrufen, welche die Schwere niederdrücken und aus dieser die geeignete Empfindung erheben möchten, diese im wahrsten Sinne herausheben wollen. Der Kampf jedoch betrifft nicht die Materie mit ihren Mitteln, sondern ganz die Welt der Emotion im Verhältnis zur wirklichen universalen Empfindung. Es ist diejenige Kampfessituation, oder besser gesagt sogar Kampfesambition, die nicht unbedingt feindselig gegen einen Dritten gerichtet ist und die auch keinesfalls irdische Geschichte machen möchte, sondern die unerlässlich um die Geburt eines tiefgehenden Verständnisses, eines umfassenden Wahrheitsempfindens und schließlich um ein ganzes, uneingeschränktes, sowohl konzentriertes als auch weitgefasstes, höchstes Identifizieren mit einer empfindsamen Wahrheit und universalen Gesetzmäßigkeit ringt. Der Kampf ist ein souveränes Begehren um die höchsten Früchte der Erkenntnis und die weitest gefassten Freiheitsempfindungen des möglichen und reinen menschlichen Ideales. Dieses atmende, stille, aber unaufhörlich drängende Begehren lebt im Nachtodlichen der Seele weiter, inspiriert diese, und dies im ganz besonderen Maße dann, wenn sie spirituelle Ambitionen hatte.

Es dürfte heute eine bekannte Tatsache sein, dass das menschliche Bewusstseinsleben mit seinem Denken, Fühlen und Wollen sich fast immer in falschen Ordnungen, mangelhaften Ausprägungen der Empfindungen oder einseitigen Emotionen befindet und infolgedessen eine Unzahl von ungesunden Streitigkeiten im menschlichen Miteinander absolviert. Die Gefühle, die Emotionen oder auch die mangelnden Gefühle, die beladenen Gemütsstimmungen des Menschen sind für die therapeutische Psychologie ein häufig zu klärender und damit pathologischer Bereich. Die gewöhnliche und noch ungeschulte Psyche des Menschen ist, wie man das auch in einer Geistschulung ausdrückt, an den Körper gebunden und daher im Subjektiven, in sogenannten emotionalen Abhängigkeiten gefangen. Das Bewusstsein kann innerhalb eines Konfliktes, sei er mit sich selbst oder sei er mit anderen, die Wirklichkeit lediglich interpretieren, während die wahren Umstände und wahren Ursachen für diesen Konflikt fast immer verborgen bleiben. Was oder welche Vorgänge geschehen jedoch in der feineren astralen farbigen Lichtwelt, in jenem Anteil, der nicht allein nur auf den physischen, leiblichen Umstand bezogen ist? Was geschieht im Kosmos, in jener Region, in der der Erzengel die wahren Empfindungen mit ihrer universalen Bedeutung von den schweren und verhafteten Emotionen aussondern möchte, während im Irdischen ein Konflikt ausgetragen wird, der die Emotionen durcheinander wirbelt?

Es könnte beispielsweise jemand sehr leicht in Zornausbrüche und Affekte geraten und dadurch wie gewalttätig oder berauscht von Emotionen nach außen erscheinen. Diese Ausbrüche sind durch das menschliche Triebleben motiviert und sie verschatten oder verdunkeln eventuell für kurze oder auch längere Momente das atmosphärisch umgebende Licht und auch die menschlichen Aurenverhältnisse. Alle Kräfte, die zu sehr aus dem Trieb des Menschen und somit aus dem organisch Inneren in das Gemüt hinaufsteigen und das Bewusstsein für sich emotional gefangen nehmen, geben dem natürlichen Sonnenlicht einen verdunkelnden oder abschirmenden Schatten. In Sanskrit spricht man von *kāma*, das schließlich zu *krodha* führt, von leiblich verhaftetem Begehren, das zu Zornwallungen und Unruhezuständen führt. Aus diesem Grunde sollten in Bezug auf die Gesundheit und das seelische Heil Streitereien und Zornausbrüche nicht zu lange anhalten, sondern rechtzeitig durch ein bewusstes Umgehen mit den Umständen wieder in eine Ordnung finden. Vielleicht müssten manchmal Konflikte vor einer Auflösung in Ruhe gelassen werden, damit sie das Gemüt nicht in eine beständige Grübelei versetzen und den Menschen dadurch an das irdische Dasein binden. Häufig versuchen Personen durch religiöse Formulierungen dem anderen, der den Konflikt unterhält, zu verzeihen, gewissermaßen nach dem Gebot der Feindesliebe ihn besonders zu lieben oder sich um diesen annehmend zu kümmern, und erschaffen sich dadurch eine scheinbar friedvolle gültige Welt. Die Spannungen mögen sich vielleicht durch diese subjektiven Umgangsformen und, man möchte wirklich sagen, kleinlichen religiösen Weltsichten legen, jedoch für das Wachstum der Seele und für die Gesundheit geben sie in keinster Weise eine befriedigende Lösung. Die Religion und die Spiritualität sollten niemals eine Flucht bieten. Eine klare Form des Zornes darf durchaus einmal zur Äußerung gelangen, die Wesen sind vielleicht beunruhigend, aber sie neigen sich schnell wieder zur Zufriedenheit. Jedoch sollten diese Ausbrüche nicht zu lange dauern, keinesfalls in Hass umschlagen, denn die Wesen des Hasses sind vernichtend, sie gravieren sich in das Schicksalsgefüge hinein. Im Verlauf des menschlichen Entwicklungslebens sollte sich das mögliche Bewusstsein um diese Wesen und ihre Differenzierung, wie sie im Leben erscheinen und wie sie schwerwiegend oder leicht sein können, bemühen und schließlich durch diese klare Auseinandersetzung und die darauf folgenden resoluten Entscheidungen eine günstige Ordnung im Denken, Fühlen und Wollen erschaffen. Durch diese Ordnung, die durch eigene Aktivität und Auseinandersetzung, Beziehungsaufnahme nach außen und Schulung mit spirituellen Inhalten entsteht, kann sich eine Art Licht organisieren, das sich im freien Denken und freien Empfinden ausdrückt und sogleich mit den Seelen, die im Nachtodlichen leben, eine günstige, freudige Verbindung erlebt. In diesen Formen verbindet sich der Mensch mit den himmlischen Kämpfen und übersteigt zu einem gewissen Grade die irdischen Bedrängnisse.

Ein alltäglicher Konflikt mit seinen Kämpfen, Emotionen und Widersprüchlichkeiten ist gegenüber der seelisch-nachtodlichen Welt eigentlich etwas sehr Lächerliches und dürfte keine allzu große Aufmerksamkeit verdienen. Im Inneren der Seele, in jenem Anteil, der über das irdische Eingebundensein hinausreicht, warten beispielsweise ganz andere Geburtsprozesse, regelrechte Auferstehungsformen, neue tatsächliche Fortschritte, die in das Dasein des Irdischen einmal gelangen möchten. Die Seelen, die im Nachtodlichen leben, wollen sich aus den Gefangenschaften der Emotionen losreißen und zu einer wirklichen Empfindung mit universaler Gültigkeit aufsteigen. Es zeigen sich bei Beobachtung dieser nachtodlichen Welt real werdende Gedanken- und Empfindungsformen, die sich dann erheben, wenn die Hinterbliebenen günstige Fortschritte in ihrer Entwicklung absolvieren. Die Gedanken und Empfindungen erheben sich, etwa in einer Form vorstellbar wie beispielsweise ein Metall, das bei Luftberührung verbrennt und eine Leuchtflamme erzeugt. Ganz besonders die Empfindungen erheben sich aus der Masse des Stoffes der Emotionen und nehmen einen wahren und klaren Raum für sich ein. Das wahre innere Gefühl, das sich in der Folge dieser Geburtsprozesse von Gedanken ergeben möchte, gelangt aber selten in kurzer Zeit in das Gemüt, und deshalb zeigen sich nach außen häufig Affekte, Emotionen und fortdauernde leidensvolle Streitereien. Infolge dieses Mangels der Entwicklung erkrankt nicht nur das Gemüt, sondern auch der physische Leib, und eine Anzahl von unphysiologischen Abwehrreaktionen traktiert jeglichen gesunden Fortschritt. Es liegt deshalb in der Widersprüchlichkeit von Verhaltensweisen und Krankheiten bereits der unsichtbare Drang nach der Geburt eines größeren Verständnisses und eines daraus werdenden Bewusstseins, eines Fortschrittes in der Seele zu einer weitergefassten Kapazität und Kraft der Ausstrahlung im individuellen Wirken verborgen. Dieses Begehren und Kämpfen lebt im Licht selbst und beschreibt einen ganz anderen Kampf als den, den der Mensch im irdischen Dasein mit all seinen Leidlichkeiten kennt.

Eine Seele im Nachtodlichen kann sich nicht durch Worte und auch nicht durch Handlungen bemerkbar machen, jedoch drückt sie eine Art Bedrängnis und Gefühlsstimmung aus, die etwa wie im folgenden Bild ausgedrückt werden kann: „Ich bleibe so lange in einer Bedrängnis und bleibe bei euch, den Hinterbliebenen, bis ihr die rechte Erkenntnis und Empfindung zu mir und zu meinem Leben oder auch zu einem anderen Leben gewonnen habt. Erst ab jenem Moment, ab dem ihr eine wirkliche Sicht zu den seelischen Umständen, die sowohl im irdischen Leben verborgen existieren als auch im geistigen Reiche als unausweichliches Gesetz vorhanden sind, gewonnen habt, schenke ich euch eine wirkliche Empfindung und ein erhebendes Gefühl. Die Emotion aber wird bleiben und die Bedrängnis dieser Emotion kann nicht von eurer Seite im irdischen Dasein weichen, solange ihr nicht die richtigen Empfindungen für das Seelenleben im Jenseits entdeckt habt."

Im Äußeren des menschlichen Daseins zeigen sich naturgemäß die verschiedensten Kämpfe mit Verausgabungen und törichten Verhaltensformen, sie bewegen die Emotionen der Menschen, bewirken Spaltungen und lassen keine wirklichen verbindenden Empfindungen gewähren, während sich im Inneren des Lichtes, der höheren Daseinsformen ein anderer Kampf um Wahrheit, Fortschritt und empfindsame Geburt bewegt. Die Kraft aus dem Inneren, aus den Schöpferwelten des Lichtes, die im seelischen Dasein verborgen liegt und die nicht nur auf den menschlichen Leib bezogen ist, sondern universal und körperfrei existiert, ist Liebe und lässt dem Menschen keine Ruhe, solange nicht der wirkliche Sinn in der Entwicklung des Ideals und eines folgenden Gefühles in wahrer Authentizität errungen wurde. Die seelische Welt im Nachtodlichen kämpft mit ihren Engeln unaufhörlich, bis sie denjenigen authentischen Gipfel des größtmöglichen Fortschrittes und Verständnisses erreicht und auf dieser Grundlage die üblichen Determinationen der Emotionen im Irdischen und des physischen Leibes überschritten hat.

Es ist der Lichtäther, die Kraft, die im Lichte selbst lebt und webt und die expandierend einen außerordentlich lehrreichen, erkenntnisfreudigen und empfindungsvollen Fortschritt erzielen möchte. Das Licht selbst ist nicht nur eine feinstoffliche physikalische Substanz, sondern es ist sonnenhaft und sozusagen ätherisiert. Geistig betrachtet stülpt sich das Licht aus sich selbst heraus aus, es geht über seine eigenen Grenzen hinüber und erleuchtet aber die Erde, die Formen und Erscheinungen. Die Erscheinung selbst ist bereits der Tod, das Gewordene, während in der Ätherkraft des Lichtes das zur Geburt Drängende, das Fortschrittliche unmittelbar beheimatet ist. Das Licht ist deshalb mit den Gefühlen und Empfindungen nahe verbunden und der Tote möchte sich in die freie Empfindungsregion hineinleben und alle schweren Anteile, die eine emotionale Gebundenheit gibt, überwinden. Der Begriff Energie wäre noch viel zu allgemein, um die wirkliche geistige Bedeutung des Lichtes mit all seinen schöpferischen und erhebenden Vorgängen zu beschreiben. In jedem Augenblick erstirbt ein Teil, sondert sich gewissermaßen aus dem Lichte ab, wird Farbe, Form und Materie, während das Licht aufersteht, weitere Empfindung hervorbringt und in einer unermesslichen Freiheit einen fortschrittlichen Geburtsprozess erzeugt. (1)

Das Licht ist selbst in einer Transzendenz gegründet und der Kampf, der in den höheren Welten stattfindet, in den die Seelen eingebunden sind, ist souverän, immer in Verbindung mit den Hinterbliebenen, er sucht immer eine Auferstehung eines weiteren Empfindungslichtes. Die Emotionen der hinterbliebenen Menschen nehmen an diesem Kampfe indirekt teil, bis diese in eine größtmögliche Reinigung gelangen und zu wahren, universalen Empfindungen aufsteigen. Dann erfreut sich die Erde und die Seele im Himmel.

Der Übende kann sich mit diesem ersten grundlegenden Gedanken über die große Unterschiedlichkeit des Kampfes, der sicherlich in der irdischen Welt mit vielen Erscheinungen wohlbekannt ist und darüber hinaus in seiner anderen Art in der geistigen Welt unbekannt ist, ein ausreichend solides und geeignetes Bild erschaffen. Indem sich derjenige, der nach Heilung aus geistigem Verständnis strebt, diesem Gedanken wiederholt hingibt, empfindet er bald eine Stärke in seinen Gefühlen, er empfindet schon bald, dass die Seele im Nachtodlichen wachend auf die Empfindungserweiterung wartet. Eine erste Selbstkraft entsteht, wenn man diesen Prozess, wie Empfindungen in der Seele mit den Verstorbenen zusammenwirken, entdeckt. In der Aura entsteht durch diese Art Auseinandersetzung eine stabile, nicht abgeschlossene formende Strukturkraft mit schönen zarten, zentrierenden und gleichzeitig grazilen, nach außen strebenden Formen. Diese sind die Empfindungen, die sowohl der Verstorbene mit seiner Seele als auch der Hinterbliebene im irdischen Dasein erlebt. Die Empfindung in diesem Sinne ist Seelenstofflichkeit und besitzt eine universale, erhebende Anziehungskraft.

(1) Das Licht besitzt gemäß seiner eigenen geistigen Natur eine immanente anhebende Ätherkraft; beispielsweise erheben sich die Zweige am Morgen mit dem kommenden Lichtfluten und gleichzeitig erfolgt im Inneren der Pflanze durch die sogenannte Photosynthese ein spezifisches Anheben eines Elektrons. Dieses steigt nach den Forschungen der Chemie auf ein höheres Niveau und nimmt das Spektrum des Kosmos dort in Empfang. Da es sich um ein ganzes Farbenspektrum handelt, wird ein Teil der Farben (Rot und Blau) absorbiert und von der Pflanze aufgenommen und empfangen. Der nicht absorbierte Anteil, der Grünanteil, wird wieder zurückgestrahlt und lässt das Blatt für den Betrachter grün erscheinen. Gleichzeitig fällt das Elektron damit wieder zurück und überträgt im Zurückfallen seine Energie auf einen anderen Stoff. Die elektromagnetische Energie wird in chemische Energie umgewandelt. Im letzten Schritt wird die chemische Energie zur Synthese organischer Substanzen verwendet, die der Pflanze für das Wachstum dienen. Im Grün erscheint nun dieser Vorgang der Photosynthese und der wachsenden Pflanze. Sie kann sich innerhalb der Lichtsphäre in ihrer materiellen Substanz verdichten. In Wirklichkeit ist die Entstehung des Grüns und das Zurückfallen des Elektrons eine Art Abbild desjenigen Vorgangs, der sich im Lichtäther selbst mit seiner einerseits anhebenden Kraft von Empfindung und andererseits mit seiner farbenbildenden und strukturierenden Dimension nach unten in Form von Verdichtung zeigt. Das Ergebnis ist eine ganz spezifische Formstruktur und diese organisiert sich in der Pflanze mit Farbe, während sich das Licht in souveräner und unberührter Wirklichkeit in eigener Freiheit erhält und die gesamte Pflanze, solange sie am Leben ist, im wiegenden Aufstieg erhält.

Horus gilt als der Sohn von Osiris und wird als Götterbote mit dem Falkenkopf dargestellt. Besonders eindrucksvoll gebärdet sich in dem hier dargestellten Horus der Rückenschwung. Im Rücken drückt sich in der Regel der Astralleib mit seinen lichtaktiven Kräften aus. Je aktiver, eleganter er nach oben schwingt, ohne Anstrengung sich aus der ätherischen Leichtigkeit erhebend, umso mehr symbolisiert er mit dieser Geste die Einflusskräfte des kosmischen Daseins. Sie erscheinen signifikant in der nahezu stolzen Falkengestalt.

5. Der konkrete Inhalt bildet ein Kraftpotenzial für Lichtätherkräfte

Jene Dimension, die allgemein mit dem Licht der Seele eine erste Bezeichnung erhalten kann, offenbart ebenfalls Liebe, die in einer Form oder Offenbarung gegeben ist, welche außerordentlich bewegend, inspirierend ist und den Menschen zu gesunden Aktivitäten motiviert. Wärme und Licht sind große Entitäten, mit deren Hilfe sich die Seele im Kosmos bewegt und einen Körper für eine bestimmte Zeit und zu einem bestimmten Maße zu durchdringen vermag. Aber diese Entitäten sind nicht nur die äußere Lichtquelle wie auch nicht nur der warme Sonnenschein, den die Haut im Frühjahr an der Oberfläche verspürt. Entitäten sind feinere Kräfte, die gewissermaßen im Lichte und in der Wärme leben. Viele verschiedene dieser feinen Substanzialitäten leben in diesem Lichte, wie beispielsweise schon erwähnt die Verstorbenen mit ihren Wünschen und Gefühlen. Sie erschaffen die astrale Sphäre des Lichtes und können mit Empfindungen die Qualität der sonnenhaften Reflexionen erhöhen oder durch feine Einschnürungen oder Schattenbildungen diese verdichten und verändern. In allen Offenbarungen des Lichtes wollen die Toten mit ihren Seelensubstanzialitäten den hinterbliebenen Menschen eine Mitteilung überliefern.

Diese Kräfte, die aus der menschlichen Sphäre, sowohl der irdischen als auch der nachtodlichen, entspringen, dirigieren die Verhältnisse in der äußeren Natur. Für jede Heilung ist es wichtig, dass der Übende diese Tatsache, dass der Mensch mit seinem Geistleben am Anfang steht und nicht die Naturbedingungen am Anfang sind, in vollem und reifem Umfang akzeptiert. Zunächst kann der Einzelne bei der Naturbetrachtung davon sprechen, dass im Lichte ein anziehendes, ein bewegendes, fein spielendes Berührtsein lebt, das die Blätter der Bäume, die Zweige, die feinen Grannen der Gräser zum idyllischen Glanze erhebt und beispielsweise Ruhe und Fröhlichkeit in den Naturstimmungen erzeugt. Dann aber können in dieses Licht förmlich abschirmende Entitäten eintreten, die weniger einen Glanz mit idyllischer Berührtheit erzeugen, sondern den Augen sogar Mühe bereiten, die Blüte mit ihrer Farbe wahrzunehmen, und sich deshalb wie eine Art melancholische bis depressive Stimmung mit Schleiern und Schattenbildungen zeigen. So wie die differenzierten Qualitäten des Lichtes in der Natur mit unterschiedlichster Offenbarung ihre Atmosphäre zeichnen, äußert im gleichen Maße das menschliche Seelenleben in Form einer ständigen Kommunikationstätigkeit, sei es mit Worten und sei es ohne Worte, sei es nur mit Gefühlen bewusster oder auch unbewusster Art, eine ausstrahlende Tätigkeit, die die Mitmenschen, die gesamte Natur und kosmische

Sphäre aufnehmen wird. Der Mensch erstrahlt deshalb mit seinen Gefühlen, Gedanken, Handlungen und Worten immer auf alle äußeren Seinsbedingungen zurück, dies sowohl aus dem Irdischen als auch aus dem Nachtodlichen. Er erzeugt Wesenskräfte, feine Substanzialitäten, und das Licht ist das primäre Medium, das diese in der Umgebung kommuniziert. (1)

Ein Weg des Studiums der kosmischen Gestaltformen und Seinsprinzipien, der feinen Substanzialitäten, die vom Menschen erzeugt werden und die schließlich in der Natur mit bestimmten Qualitäten eine Widerspiegelung erhalten, beginnt mit dem Lesen der überlieferten Schriften, wie beispielsweise den Angaben von Geistforschern. Dieses Studium mit einem gekonnten Lesen, das auf den Gedanken zugeht und nicht den Gedanken konsumiert, organisiert feinste Licht- und Wärmekräfte für das menschliche Dasein. Die Heilkraft im Seelischen beginnt deshalb nicht, um den Ausgangs- und Grundgedanken noch einmal zu wiederholen, mit äußeren Gefühlsstimmungen und emotionalen Veränderungen, sie beginnt auf feinste Weise gewissermaßen von oben nach unten, von einer unbekannteren Welt ausgehend, die langsam durch den Studienweg zu einer bekannteren Wirklichkeit erschaffen wird und die schließlich erste Wahrheitsempfindungen mit einer Steigerung eines freien, universalen wie auch individuell orientierten Bewusstseins geben kann. Aus den Gesetzen des Nachtodlichen erobern sich langsam die Gesetze des irdischen Daseins und gießen eine bewegende Kraft in das menschliche Gemüt, die das Selbstempfinden und das freie Gefühl eines wirklichen wachsenden universalen Zugehörigseins schenken. Der Weg zu Einheit und Einswerdung nimmt durch dieses Studium langsam eine konkrete Form an.

Die Heilung der Seele kann deshalb der Einzelne nicht oder nur sehr gering durch Veränderungen im äußeren Dasein, beispielsweise Änderung in der Berufswahl, Austritt aus einer religiösen Gemeinschaft und Eintritt in eine neue Gemeinschaft, Trennung der Ehe und Heirat eines Anderen, bewirken. Sie beginnt in dem Bewusstsein, dass es eine höhere geistige und seelisch-nachtodliche Welt gibt, und setzt sich weiterhin mit dem Studium der Gesetze über das nachtodliche Leben auf sehr konkrete und inhaltliche Weise fort. Ein Studium aber bleibt nicht nur auf der Stufe der Rezeptivität von einer größeren Zahl von Informationen, die man aus den verschiedenen überlieferten Schriften und initiierten Quellen nimmt. Es folgt den Wegen des wachsenden dürstenden Strebens nach Wahrheiten und Erkenntnissen und möchte schließlich im aufsteigenden Begehren bis zur vollständigen Identität oder zu einer Verwirklichung der Wahrheiten im Sinne eines höchsten Könnens gelangen und mit dem gleichzeitigen

Wachstum eines moralischen Wertgefühles, wie beispielsweise Vorbild für andere im Sinne einer wahren Offenbarung des seelischen Daseins zu werden, einmal ankommen.

Es soll jedoch noch einmal betont werden, dass es konkrete Inhalte sein müssen, die der Einzelne denkt und zur realen Vorstellung in seinem inneren Bewusstsein ausarbeitet. Würde jemand sagen, er kennt diese Gedanken der nachtodlichen Welt, da er an sie glaubt und da er an Reinkarnation glaubt, so fehlt noch immer der konkrete Schritt, diese Gedanken, die aus Geistforschungen gegeben sind, real und anschaulich zu denken. Viel zu allgemein und unverbindlich ist diese Form des Für-wahr-Haltens und Glaubens. Der Übende kann sich inhaltlich der Vorstellung hinwenden, dies mit Präzision und Wiederholung, dass beispielsweise jemand, der eine Bewunderung für edle Musik hatte, dieser genau zuhörte, sich für die Schönheit von Rhythmus und Melodie bei verschiedenen Komponisten und Musikern interessierte, die Musiker wertschätzte, aber selbst aus Gründen fehlender Begabung musikalisches Können nicht hervorbrachte, nach dem Tode ein großer Förderer von guten musikalischen Veranstaltungen werden wird. Der Körper mit seinen Behinderungen und Einschränkungen bildet in der seelisch-nachtodlichen Welt kein Hindernis für ein Aufgehen der Wünsche, Ideen und nächsten Fähigkeiten. Die Musik wird dann seine Welt werden, in der er sich ästhetisch aufgenommen fühlt. Sie ist gewissermaßen sein Licht, seine Stofflichkeit, seine Seinsnatur. Nahe an die zarten Finger eines hinterbliebenen Musikers tritt die Seele aus dem Kosmos heraus und nimmt den Endpunkt über dem Instrument und der menschlichen Hand. Seine Seele wird dem Instrumentalisten genau die Finger an der Gitarre oder auf dem Piano führen. Komponisten fühlen sich inspiriert durch die Ausstrahlung, die diese Seele aus dem Nachtodlichen ihnen weiter schenken wird, und derjenige, der verstorben ist, wird sich im zukünftigen Leben mit dem Musikalischen auf innigste und beste Weise verbinden. Die Hinwendung und Wertschätzung erstrahlt aus dem seelischen Nachtodlichen für die Hinterbliebenen und die Seele nimmt im weiteren Fortgang in der geistigen Welt genau die Kräfte an, die sie für eine nächste Inkarnation benötigt, um ein guter Musiker oder eventuell auch ein Künstler mit ästhetischen und moralisch gehobenen Gefühlen zu werden.

Diese Gedanken, wenn sie konkret gedacht werden, verdeutlichen ein Beispiel über eine wirkliche inhaltliche, spirituell getragene Denktätigkeit. Äußere Glaubensfragen und Meinungen über die geistige Welt führen noch nicht oder nur sehr dürftig zur Erkraftung des seelischen Potenzials. Ein Gedanke, der aus der geistigen Welt durch Offenbarung des Geistforschers

In dieser Zeichnung offenbart sich am deutlichsten der intakte Außenbezug in Form einer geordneten und konkreten Sinneswahrnehmung und inhaltlichen Denktätigkeit. Die Augenbrauen erheben sich in bogenhaftem elegantem Schwung und die Falten ordnen sich dieser aufschwingenden Geste zu. Das Licht zirkuliert über die Sinne, frei, erhebend und konnektiv. Die Entität des Lichtes ist selbst das große kosmische Konnektiv und erschafft harmonische Formen im Physischen.

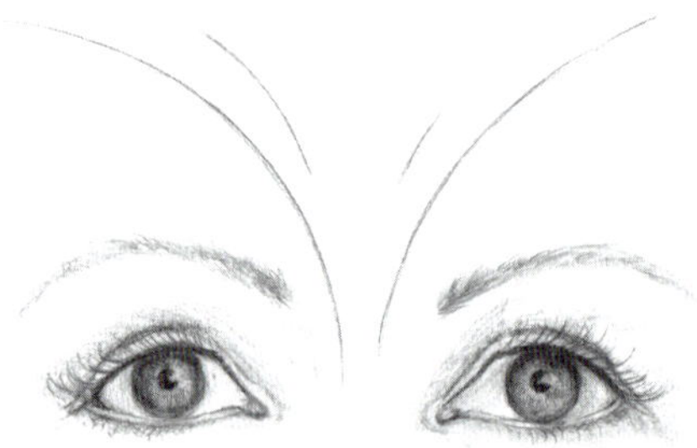

Das grübelnde Verhalten, mit seinem Wahrnehmungsvorgehen auf das subjektive Innere gerichtet, zeigt sich in einer deutlichen verdichtenden bis verdunkelnden Abschirmung um die Augenbrauen und Augen. Das große Konnektiv des Lichtes kann nicht in seine ganze Wirksamkeit treten und deshalb treten organische Kräfte in die Geburt, die den Menschen in der natürlichen Wahrnehmung über die Sinne und den Gedanken behindern.

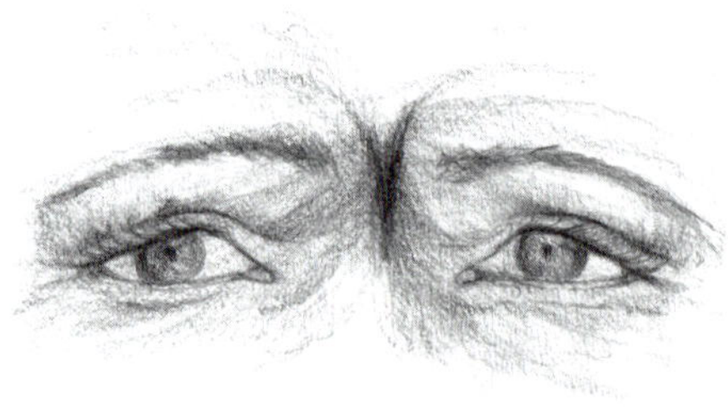

Das Auge ist aus dem Licht geboren und kann auf unbefangene Weise das Licht weiterleiten. Es ist das Organ, das unmittelbar dem Lichtsinnesprozess entspricht. Das Horusauge als Symbol galt im alten Ägypten als Schutz. (S. 50)

zur Kenntnis genommen wird, muss inhaltlich und konkret, genau in dem Maße, wie er ist, gedacht werden und zunächst auch frei von leiblichen Assoziationen im Sinne eines wiederholten konzentrierten Denkens und Empfindens bewahrt werden. Der Zuhörer, der sich bewundernd und interessiert der Musik hinwendet, diese wertschätzt, erschafft bereits die geistigen Grundlagen für ein erweitertes seelisches nachtodliches Erleben. (2)

Aus diesem Grunde sollte in dieser kurzen Ausführung derjenige Unterschied über das Kräftepotenzial, das im Licht- und Wärmeäther liegt, zur klaren Unterscheidung aufsteigen, dass bloße Meinungs- und Glaubensformeln oder gar Schwärmereien, wie auch Assoziationen noch nicht den Wert von wirklichen konkreten und inhaltlichen Denkformen haben. Die Assoziationen und Meinungen verhindern sogar ein wirkliches Denken, welches einen Licht- und Wärmeprozess für den Menschen darstellt. In dem Lichte, das jemand organisiert, lebt die Ätherkraft, die er für die Zukunft seines Lebens benötigt. Der Übende erzeugt durch eigene Aktivität und Führung eine ordnende Wärmesphäre und eine lichte Bewegung in seiner Seele. Er führt sein Leben, indem er einzelne ausgewählte Inhalte von Geistforschern denkt, empfindet, in Vorstellungen bewahrt und diese schließlich zu realen Möglichkeiten der Kommunikation und Umsetzung fördert.

Dieses Denken mit Inhalten, die universale und dennoch praktische Gültigkeit haben, fördert die Wärmeätherkräfte im Sinne einer Ruhe im Herzen, es heilt sogar das Herz, und im Weiteren erhebt es in ganz besonderem Maße die Lichtätherkräfte, die gesunde Antriebe schenken und den Menschen beispielsweise vor Depressionen oder vielerlei anderen leiblichen Problemen bewahren. Die Empfindungserweiterung als heilsame Kraft kann frei aufsteigen. Ein inhaltlicher Gedanke leuchtet über dem Haupte, er wird frei zu einer begleitenden Quelle, er signalisiert einen wundersamen subtilen hellen Schein und je nach Qualität und Intensität gewinnt er eine Formgestalt mit Farbe, die für das hellsichtige Auge sichtbar wird. Wertvolle Inhalte aus Geistquellen begleiten mit subtilen Formen und sehr fein ausstrahlenden Farben deshalb denjenigen, der sie in Vorstellungen authentisch denkend und freilassend bewahrt. Diese Kräfte, die am Anfang im Lichte über dem Haupte des Menschen weben, fördern den Lichtstoffwechsel, schenken Regeneration und Jugendlichkeit, Aufrichtedynamik und Interesse und sie wirken nach innen über die menschliche Seele und können den Leib gesund erhalten. Aber auch die Seelen, die im Nachtodlichen weilen und ebenfalls zur menschlichen Aura hinzugehören, erfreuen sich an diesem inhaltlichen, empfindungsvollen Denken. Das Zellsystem, dessen Zellen die kleinste physikalische Einheit des Körpers darstellen, kommuniziert auf intensive Weise mit den jeweiligen Gedanken, die zu Vorstellungen und Inhalten frei gedacht werden. Diese Vorstellungen und Inhalte sind nicht, wie man vielleicht sagen könnte, Theorien, unbedeutende Fantastereien und Träumereien, sie sind reale und durch ihre besondere Feinheit und lichte Verfügbarkeit hochwirksame Kräftepotenziale. (3)

(1) Die Frage, ob das Wetter ein Ergebnis der Naturbedingungen ist oder ob es vom Menschen selbst erzeugt wird, kann an dieser Stelle eine erste Beantwortung erhalten. Die meteorologischen Bedingungen werden ebenfalls auf primärer Ebene von den Menschen dirigiert und die Natur nimmt die von den Menschen geschaffenen Gedanken in ihre Lichtsphäre auf. Je nach dem Grade der Entwicklung kann deshalb der einzelne Mensch die Witterungsverhältnisse in positiver Hinsicht beeinflussen. Je mehr Personen zu moralischen und weiterführenden Zielen arbeiten, desto mehr gelingt es ihnen in der Regel, die Lichtverhältnisse in der Erdenschöpfung günstig zu beeinflussen und die Toten in einen größeren Empfindungszusammenhang zu führen.

(2) Eine wirkliche spirituelle, inhaltliche Darstellung kann sich der Bedeutung von *sat-cit-ānanda*, Sein, Wissen und Glückseligkeit, annähern, während Formen des Fehlens von Inhalten, die häufig im Intellektualismus und auch in rein passiven Glaubensformulierungen bekundet sind, dem Wesen von *gariman*, der Schwere, entsprechen. Der lebendige aufsteigende Äther fehlt in diesen. Ein Inhalt besitzt eine Substanz, die den Aufstieg der Entwicklung fördern kann, und daher ist er wie ein Sein, ein *sat*. Dieses Sein besitzt wirklich inhaltliche und damit universale Wirklichkeit, es fördert damit ein Wissen, *cit*, und schließlich erzeugt es Freude, die zuletzt in Seligkeit und Glückseligkeit einzumünden vermag, *ānanda*.

(3) Die Lichtätherkräfte nehmen ihr substanzielles Zentrum im Bereich der Nieren und des Plexus coeliacus ein. Von dieser Art Mitte ausgehend, verströmen sie ihre Substanzkraft nach oben und in die Weite. Diese Mittelpartie des physischen Körpers ist sowohl mit der unteren Körperhälfte in einer Korrespondenz als auch mit der oberen. Ein Haupt, das sich im freien Denken schult, lässt jene zentrifugalen Aufrichtekräfte, die sich in die Weite verströmen wollen, leichter zirkulieren. Das substanzielle Zentrum des Lichtäthers befindet sich in dieser Mittenregion, jedoch tragen alle weiteren Partien des Körpers zur Aktivierung des Lichtstoffwechsels bei. Das freie Haupt kann deshalb auf der einen Seite eine bessere Substanzerkraftung in der Mitte geben, und auf der anderen Seite aber kann das Aufrichtevermögen mit bewusster Entschiedenheit wiederum zu einem freien Haupte führen.

Die Zeichnung zeigt die Gottheit Isis mit weit ausgebreiteten, nahezu überstreckten Armen. Sie will die Geste der Weite, die eine kosmische ist, darstellen.

Das Licht öffnet den Raum für das Wachstum in die vertikale Linie. Der Lichtäther wirkt am besten in jenem Moment, in dem in der Atmosphäre ein astralisches Gleichgewicht besteht. Das Sonnengeflecht in der Nähe der Nieren, der Plexus solaris, und auch der Plexus coeliacus brauchen Licht und akkumulieren die Ätherkraft dieses Lichtes. Ist jedoch die Sphäre mit Beleidigungen beladen, das heißt mit dunklen Wesenheiten, so kann das reine Licht nicht mehr zur Entfaltung kommen und es entsteht ein Mangelzustand im Sonnengeflecht und der Mensch kann sich infolgedessen nicht mehr gesund aufrichten.

Adipositas, die überdurchschnittliche Gewichtszunahme, beruht auf einer Störung des Lichtstoffwechsels. In dieser in unserer Zeit häufig bestehenden Kondition kann, allgemein beurteilt, die strukturierende Kraft des Lichtes nicht mehr von außen über die Peripherie an den Menschen herantreten. Es kommt zu Stauungen und Akkumulationen im Körpergewebe, meist kombiniert mit einer Verminderung der peripheren Wahrnehmungsprozesse der Haut. Das Unterhautzellgewebe schwillt an und Wasser lagert sich ein. Meist entstehen Zwänge mit der Ernährung und der Betroffene versucht über die Reduzierung der Nahrungsaufnahme dem Problem zu begegnen. Wesentlich wäre jedoch in der Therapie der Adipositas, bessere Perspektiven und solide Beziehungsmöglichkeiten mit gedanklichen Inhalten zu pflegen, damit das strukturbringende Licht erneut von der Peripherie zu den Organen zum Zirkulieren gebracht wird. Solange der Betroffene nur bei sich selbst das Ernährungsproblem lösen möchte, steigen aus dem Organischen mehr oder weniger deutliche zwanghafte Kräfte auf, nehmen das Bewusstsein gefangen und auf dieser Grundlage kann keine wirkliche kontaktfreudige Ebene mit der Außenwelt entstehen. Häufig bestehen sogar Mangelzustände und eine gewisse Art der Unterernährung. Adipositas ist deshalb im Allgemeinen eher eine Erkrankung, die aus den verminderten Beziehungsmöglichkeiten entsteht.

Ein sehr typischer Vers aus der orientalischen Schrift der *Bhagavad Gītā* deutet auf das Zentrum des Selbst in ausgesprochen poetischer Form hin:

Prajahāti yadā kāmān sarvān pārtha manogatān
ātmany eva ātmanā tuṣṭaḥ stithaprajñas tadā ucyate
(Bhg. 2, 55)

„Wenn sich ein Mann aller Wünsche des Gemütes entledigt und sich zufrieden in das Selbst durch das Selbst fügt, *ātmany eva ātmanā*, wird von ihm gesagt, dass er stabil in der Weisheit oder stabil im Gedanken ist."

Die *Bhagavad Gītā* spricht in einer großen Zahl von rhythmischen Versen über das Ich-Selbst. Häufig erscheint die Gestalt *Krishna* in der unmittelbaren göttlichen Figur und verwendet das Wort „Ich". Dieses Ich oder Selbst aber ist nicht auf eine äußere Person, sondern auf die konzentrierte Einheit mit dem Geiste bezogen. Der Geist selbst jedoch ist wieder der reine Gedanke, frei von Wünschen und auch frei von den Gefühlen des Herzens, und dadurch ist er der direkte Träger des Ich. Es würde ohne diesen Geist durch den Gedanken keinen Träger des Ich geben. *Ātmany eva ātmanā*, durch das Selbst im Selbst oder durch den Geiststoff erkennt der Mensch die Seligkeit des Geistes.

Die Verse der *Bhagavad Gītā* lassen sich leicht verstehen als das Lied des Herrn. *Bhagavad*, der Herr, und *Gītā*, das Lied, sind nichts anderes als eine Lobpreisung des ewigen Geiststoffes im Sinne des reinen Gedankens, der frei von allen Anhaftungen und Gemütsregungen zu seiner Offenbarung gelangt.

6. Das Selbst als Zentrum bildet sich durch lichte Ordnungs- und Formstrukturen in der menschlichen Aura

Im gewöhnlichen Leben sprechen viele Personen von einem sogenannten Selbst und meinen nicht selten eine Art körperliches, sehr abgeschlossenes Bei-sich-selbst-Sein. Das Selbst oder auch Ich, das gerne in ein höheres und ein niederes Ich gedacht wird, bildet tatsächlich das menschliche innere Zentrum. Es organisiert sich wiederum durch die Entitäten der Wärme und des Lichtes, durch den sogenannten Wärmeäther und den Lichtäther, jenen feinen Kräften, die überall in der Welt und im Kosmos existieren. Diese Wärme wie auch das Licht müssen den Menschen bis in die einzelne Zelle hinein harmonisch durchdringen. Fehlt es beispielsweise dem Menschen an dieser harmonischen Durchflutung der Wärme bis in die einzelnen Zellanteile, so können diese degenerieren und ganze Körperzonen verhärten und erkranken. Die harmonische Durchdringung des Körpers durch den Wärmeäther wie auch durch den Lichtäther bis in jede einzelne Zelleinheit ist sehr selten, und deshalb gibt es auf der einen Seite Entzündungskrankheiten und des Weiteren entwickeln sich auf der anderen Seite degenerative Krankheiten bis hin zu zellulären Missbildungen. Die Wärme und das Licht besitzen eine außerordentlich wichtige Bedeutung für die Ordnung des gesamten menschlichen Leibes und seine Gesundheit. Das Selbst oder das Ich des Menschen, das man meist wie gesagt nur profan benennt, ist in Wirklichkeit das harmonische Wärmezentrum des Menschen, das weder zu heiß noch zu kühl, weder in einem Partikel übertrieben, unruhig weben darf, noch sich aus anderen Zonen zurückziehen soll. (1)

Wenn jemand sagt, sein Zentrum sei der christliche Glaube, oder ein anderer spricht, sein Zentrum liege im Yoga des Orients, kann er leicht dem Irrtum verfallen, dass er eine sehr fixierte, an Äußerlichkeiten angelehnte Wahrheit wiedergibt. Nach dem Tode zählt für den Einzelnen nicht das Glaubensbekenntnis oder die Zugehörigkeit zu einer Gruppe. Ebenfalls zählen nicht unbedingt die vielen Übungen, Gebete und Rituale, die jemand in seinem Leben getätigt hat, vielmehr verbleibt in der kosmischen Wärmedimension die Wirklichkeit der Ordnung und Entwicklung, die er mit universalen Wahrheiten bis hin zu individuellen Wahrnehmungen und Erkenntnissen bei sich errungen hat. Zum Beispiel kann jemand eine Wahrheit aussprechen, die durchaus in der Welt nicht in Frage gestellt wird und die vielleicht besagt, dass ein Apfel im unreifen Zustand grün und im reiferen Zustand gelblich-rot ist. Bei dieser phänomenalen Beobachtung mit nachfolgender begrifflicher Bewertung erscheint noch keine wirkliche seelische Tiefe und der Mensch musste hierfür wohl noch keine große Opferleistung des spirituellen Strebens investieren. Im Gegensatz dazu kann sich jemand aber schulen, indem er den Unterschied von einer Form der Abhängigkeit zu der gegenteiligen Form der Freiheit am Bild des Menschen studiert. Wie viele Abhängigkeiten existieren in unangemessenen Formen, wie beispielsweise lang anhaltenden Symbiosen unter Menschen, und wie viele Bindungen geht der Mensch um des Lasters oder um eines eitlen Machtstrebens willen mit der Materie oder sogar mit den Mitmenschen ein? Das vermeintliche Mutter-Kind-Ideal in Form einer extremen Bindung und emotionalen Abhängigkeit ist heute nahezu wie ein Religionsersatz und entwirft zunehmend mehr eine Umkehrung des Begriffes von universaler Liebe. Indem jemand diesen Unterschied zwischen einer wirklichen Beziehungsaufnahme mit freiheitlichen Strukturen zu den verschiedenen Abhängigkeitsformen, Emotionen und einseitigen Liebesidealen studiert, geisteswissenschaftliche Texte hierzu liest, bemerkt er bald die großen fundamentalen Unterschiede und er entwickelt einen wirklichen Begriff der Liebe. Die Fähigkeit zu lieben ist ein langwieriger Lernschritt. Die freiheitlichen Beziehungsformen sind mit aktiven, empathischen, sehr bewegten Strukturen in der Aura sichtbar. Kristalle und lichte Formen bilden sich am Menschen wie feinste kommunizierende Gestalten, die eine Art Freude und Verbindung, eine Offenheit und natürliche Schönheit ausdrücken, während die Bindungsformen wie abschirmend, nur sehr einseitig, für Blicke fesselnd, emotional ergreifend, beengend und unruhig in den Aurentönen oder auch sehr häufig dunkel erscheinen.

Der Übende, der ein Zentrum entwickeln möchte, ein Zentrum in seinem Selbst, bewegt die Wärmeströme im Äther, indem er sich mit Hilfe der Gedanken, die er aus initiierten Quellen übernimmt, Anschauungen und schließlich konkrete Vorstellungen über ein universales wie auch individuelles Thema bildet. Kennt er durch diese Auseinandersetzung im ausreichenden Maße den Unterschied zwischen Bindungsformen und freien Beziehungsexpressionen, kennt er sogar die Aura im Sinne von kristallinen Expressionen und im Gegensatz hierzu die Wesenszüge der Gier, der Angst und des einseitig willentlichen Ergreifens, dann bildet seine Seele sowohl individuell für das eigene persönliche Dasein ein Zentrum als auch sozial oder sogar universal nach außen eine strukturbildende Kraft aus. Derjenige, der den Unterschied in der Beziehungsaufnahme zur Welt und zu den Mitmenschen genauestens kennt und aus dieser Kenntnis und Wesenssicht, die nicht nur intellektuell, sondern bis hinein in die tiefen Regionen des Empfindungsleibes ausgerichtet sind, den Wert der freien Beziehungsform schätzen lernt, geht bei seinem Tod in das seelisch-nachtodliche Leben hinein und wirkt sogar aus diesem wieder zurück auf die Mitmenschen verbindend, strukturbildend und entwicklungsfördernd im Sinne von Freiheit. Seine Seele strahlt sowohl im Irdischen mit den wachsenden Erkenntnissen jene so wertvollen organisierenden Kräfte für Wärme und Licht zu den Mitmenschen hinüber, sodass diese ein Zentrum in ihrem Inneren besser finden, als auch zum eigenen persönlichen Wesen, das sich tiefer im Leibe mit der Wärme und dem Licht verankert. Liebe bleibt dann nicht nur ein Schlagwort mit Forderungen, sie wird zu einer realen Beziehungserfahrung, die sich nicht nur zwischen zwei Menschen, sondern in jeder Form der Begegnung äußert.

Das Selbst, über das in der Regel sehr profan gesprochen wird, entwickelt sich nicht mit äußeren Bekenntnissen oder assoziativen, intellektuellen oder emotionalen Meinungen, sondern mit wirklichen unterscheidenden, universal gültigen Bewusstseinsformen, die bis hinein in die Realisation gedacht und übertragen werden. In Sanskrit spricht man von *rūpam*, von der Form, die beispielsweise eine reine Begehrensform sein kann, *kāma rūpam*, oder die tatsächlich eine wirkliche *deva rūpam*, eine bereits göttliche Form, eine universal gültige seelische Existenzweise einnimmt. Der Liebesstoff zeigt sich in Form von durchlässigen Kristallen und dieser gründet sich auf universaler Beziehungsfähigkeit. Eine Mutter, die nur ihr Kind liebt und nicht darüber hinaus ihr Seelenleben auf die Mitmenschen ausdehnt, entwickelt niemals eine *deva rūpam*. Das Selbst des Menschen, das das Zentrum im Inneren bildet, benötigt diese reale Auseinandersetzung, damit es sich durch die universale Wärme und das erstrahlende Licht bis hinein in die einzelne Zelle harmonisch eingliedern kann. Das spirituelle Streben nach diesen Wahrheiten organisiert am besten den Wärmeorganismus und den Lichtstoffwechsel und bildet schließlich das Zentrum des Menschen. Dieses trägt zur psychischen und physischen Stabilität bei. Der Körper wie auch die Psyche werden weder zu durchlässig, zu weich noch zu fest, verhärtet oder gar abgeschirmt, sondern das Leib-Seele-Verhältnis wird dynamisch und findet in den Zusammenhang sowohl mit den eigenen inneren Gefühlen als auch mit den Mitmenschen. Seele erwacht in der Form von Kristallstrukturen durch die Entwicklung der freien und doch konkret verantwortlichen Beziehungsformen.

Ein Selbst kann nicht ein Selbst ohne Attribut, ohne Inhalt oder ohne konkreten Gedanken sein, denn es wäre ein Nicht-Sein, ein sogenanntes *asat*, es wäre eine unrealistische Abstraktion, die niemals in die Konkretheit des Lebens eintreten könnte. Ein Gedanke muss dem Selbst als konkreter Ausdruck dienen. Häufig denken auch Menschen, das Selbst würde sich in besonderen Strukturen der äußeren Überlegenheit und Stärke zeigen, wie beispielsweise Heldenstrukturen. Wäre es bereits ein Selbst, wenn der

Mensch nur stark ist bei sich im Körper oder durch Meinungsdominanz über andere, müsste der Mensch tatsächlich bei sich in isolierten Formen des Leibes sein Streben ohne Inhalt und ohne klaren Gedanken ansetzen. Das Zentrum aber entwickelt sich aus der profunden Entwicklung esoterischer höherer Wahrheiten, das heißt aus Inhalten, die sich schließlich bis in die praktische soziale Ordnung des Lebens herabbringen und umsetzen lassen.

Wer den Unterschied zwischen Abhängigkeit mit verhüllenden Bindungsstrukturen und strukturbildenden, freiheitsförderlichen Kräften kennt, da er sie inhaltlich und geisteswissenschaftlich studiert und bearbeitet hat, wird menschliche Verbindungen im Sinne eines moralischen Wertgefüges fördern und in seiner Umgebung wärmebildende Strukturen abgeben. Er ist wie eine Sonne bereits im irdischen Leben und er wird im Nachtodlichen jene Freude der Verbindung mit den universalen sonnenhaften Prinzipien wie eine erhebende und erfüllende Liebeskraft verspüren. Bildhaft gesehen sind für diesen Menschen die Pforten niemals verschlossen, sie stehen offen und erlauben ihm den Eintritt, während derjenige, der die Gelegenheiten zur Auseinandersetzung zurückgewiesen hat, die Eintrittspforten eben, bildhaft gesehen, wie verschlossen vorfindet. Er kann im Nachtodlichen die Schritte, die er im Irdischen zur Auseinandersetzung hätte tätigen sollen, nicht mehr nachholen. Er bleibt gewissermaßen auf einer Stufe der Entwicklung, die ihm keine Erlaubnis zu weiteren Eintritten in nächste erstrebenswerte Regionen gibt, zurück. Gleichzeitig fühlt sich dieser seines Zentrums entleert, während derjenige, der mit konkreten Inhalten sein Leben förderte und bereicherte und zum sozialen Engagiertsein mit diesen Kenntnissen fortgeschritten ist, ein Zentrum im Sonnendasein findet. Er verbindet sich mit dem Licht unmittelbar.

Das Selbst ist deshalb von der inhaltlichen, universalen Bewusstseinsform und von der Qualität der Spiritualität, die real errungen und bis zur Individualität geführt wurde, gekennzeichnet. Jeder Mensch sucht nach diesem Zentrum in seiner Seele.

(1) Der Begriff „Selbst" wird auf neutrale Weise mit der individuellen Seele, in Sanskrit mit *jīva*, benannt. Allgemein heißt das Wort für das Ich *aham* und da es sich häufig mit egoistischen Tendenzen ausdrückt, wird es als *ahaṁkāra*, als der sogenannte Ich-Macher oder Ego-Macher bezeichnet. Grundsätzlich aber ist das Wort „Ich" sehr frei und es kann genauso als *aham brahman* gelten, ich bin *brahman*, ich bin durch mein Ich dem Höchsten zugehörig. Ein sogenanntes niedrigeres und ein höheres Ich kann sich nur im Äußeren des Lebens ausdrücken, da es unterschiedliche Zugehörigkeiten, Kraftpotenziale und Beziehungsrichtungen nehmen kann. Das wirkliche Ich des Menschen ist im Ursprung und am Ende immer ein geistiges Glied.

Diese Zeichnung, obwohl von der Betonung der Kristalle übertrieben, zeigt den lichten Zusammenhang der menschlichen Aura mit der kieselartigen Umhüllung. Noch sind keine Farben der Aura berücksichtigt, sondern lediglich die kristalline und lichtdurchlässige Formgebung. Die Kristalle strahlen nahezu nach außen und bleiben jedoch empfänglich für alle kosmischen Einflüsse, sie geben dem menschlichen Antlitz einen die negativen Einflüsse abwehrenden Schutz und gleichzeitig eine hohe Sensibilität und Rezeptivität.

Häufig zeigen sich nervliche Anstrengungen, die jene Kräfte freisetzen, die den natürlichen kristallinen Mantel des Hauptes und Antlitzes durchbrechen, den Menschen zu stark auf die Körperlichkeit zurückwerfen, ihn – wie der Ausdruck der Augen zeigt – nicht mit der Umgebung verbinden, sondern ihn tatsächlich in der subjektiven Wahrnehmung festhalten, ihn aber dennoch unruhig im Aufrichten des Gesichtssinnes zeichnen. Der Ausdruck ist deshalb nicht dem lichten Äther entsprechend, er ist weder leicht noch entspannt, er ist nicht verbunden mit der Umgebung, sondern mehr gehalten von Einflusskräften der Umgebung. Er scheint sich nach außen zu verlieren und nach innen auf falsche Weise abzuschirmen.

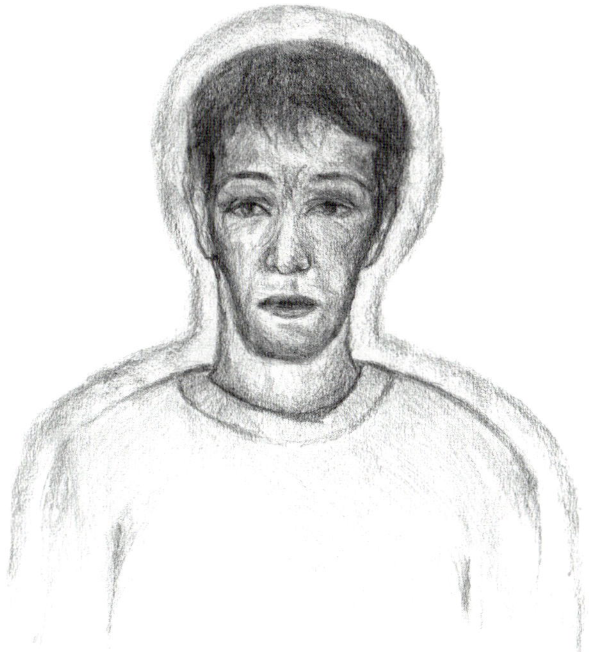

Keinesfalls sollte mit dem Lesen der Ausdrucksformen eine moralische Bewertung des Menschen erfolgen. Über die Moralität des Menschen sollten deshalb die Aussagen zurückhaltend bleiben. Bei diesem Bild sieht man eine abschirmende Umhüllung, die in der Regel durch Erschöpfungszustände oder einen Mangel an Beziehungsmöglichkeiten nach außen entsteht. Sie kann auch in Zuständen des Krankseins eintreten und den Menschen dadurch, ähnlich wie im vorhergehenden Bild zu sehen ist, auf spezifische Weise an den Körper zurückbinden.

7. Die Verstorbenen kommunizieren auf der seelischen Ebene mit den Hinterbliebenen

Wie bereits erwähnt befinden sich im nachtodlichen Seelenreich keine genau benennbaren äußeren Grenzen wie beispielsweise örtliche Umstände. Jemand, der in Amerika lebt, ist durch seine kontinentale Position von seinen Mitmenschen in Europa tatsächlich äußerlich sehr weit entfernt. In der Seele zählen jedoch diese äußeren nach Distanz messbaren Entfernungen nicht. Stirbt beispielsweise durch plötzlichen Unfall der in Amerika Lebende, so nimmt seine Seele unmittelbar den Weg hinüber zu jenen Personen, die diesem nahe gestanden sind. Es kann deshalb der in Amerika Lebende unmittelbar in die Aura des Hinterbliebenen in Europa übertreten und sich eine Art Nähe zu diesem erschaffen, die ganz den Prinzipien der wirklichen seelisch gegebenen Verbindung entspricht. Die äußere Distanz ist deshalb für die Seele im Nachtodlichen keinerlei Hinderungsgrund, sondern diese existiert im Sinne des ganz anderen Umstandes gar nicht mehr. Distanzen äußerer Art gehören ganz zu den irdischen oder materiellen Verhältnissen. In der Seele existieren nun jene Raumverhältnisse, die kosmischer Art sind, und an jenen bereits erwähnten Endpunkten, an denen der Kosmos die Erde berührt und die Seele ihren Aufenthaltsort im Nachtodlichen sucht, entwickelt sich ein ganz neues räumliches Verhältnis. Eine Distanz kann zur unmittelbaren Nähe werden und eine äußerliche Trennung führt plötzlich zur inniglichsten Verbindung.

Wie aber erreicht der Hinterbliebene die Seele des Verstorbenen, wie kann er mit dieser Kontakt aufnehmen, ohne in die Gefahr eines dubiosen Spiritismus oder nebulosen Mystizismus zu geraten? Der Weg dieser Kontaktaufnahme darf niemals zu sehr über Emotionen oder mystische Meditationen erfolgen. Er soll so konkret und klar bestimmt werden, wie beispielsweise der Wissenschaftler seine Arbeit im Laboratorium lenkt. (1)

Als einen ersten Schritt zu dieser Kontaktaufnahme sollte sich der Übende vorstellen, dass die einzelne Seele, die im Nachtodlichen weilt, an Lernen, an Begegnung und an einer klaren Kenntnis der verschiedensten Lebensumstände interessiert ist. Diese erste Kontaktaufnahme geschieht auf sehr klare und natürliche Weise mit einem Gedanken der Erinnerung an den Verstorbenen oder auch nur mit einem natürlichen Einbeziehen des Toten in die Verrichtungen des Alltags. Man spricht seinen Namen an und sagt im Stillen: „Weißt du noch, wie wir damals ...?“ Neben dieser natürlichen Aufmerksamkeit, dass der Verstorbene wie ein Wegbegleiter bei allem Lernen und bei allen Begegnungen anwesend ist, kann er des Weiteren sogar noch auf eine intensivere Weise in wesentliche und wichtige Entscheidungen einbezogen werden. Jemand ist beispielsweise in einem Konflikt, ob er aus Gründen eines erheblichen Nachteils mit einer anderen Person vor Gericht treten, gegen diese Klage erheben soll, oder ob er besser seine Aufmerksamkeit auf andere Entwicklungsschritte und Perspektiven lenken müsste. Er kann nun den Verstorbenen befragen und ihm die Argumente und Umstände vorstellen, wie sie sich gegenseitig einander abwägen. Mit einiger Schulung empfindet bald der sich so Übende, wie und mit welcher Anteilnahme sich die Seele des Verstorbenen mit Zustimmung oder Ablehnung verhält, wie sie auf der einen Seite vielleicht mit lichteren Augen erstrahlt und auf der anderen Seite fast wie verschlossen, abwendend, desillusioniert reagiert. Mit lichter Beziehungsaufnahme antwortet der Verstorbene auf eine günstige Entscheidung, während er bereits das verhängnisvolle Missgeschick einer ungünstigen, falschen Entscheidung mit Zurückgezogenheit und Abwendung prophezeit. Um Jenen, der sich in dieser Seelsorgearbeit mit den Verstorbenen verbindet und der, den Bedingungen der Geistschulung entsprechend, die Verstorbenen in seine Lebensentwicklung, ganz besonders in die seelische Entwicklung einbezieht, nehmen die Aurenverhältnisse eine sehr klare zusammengehaltene, aber nicht verdichtete Form an.

Wer deshalb die Geheimnisse der Seele studiert, wird unmittelbar in die hervorragende und schöne Disziplin eintreten, mit den Toten gemeinsam zu arbeiten und ein Lebenswerk mit diesen zu teilen. Der Verstorbene ist immer an seelischen Erweiterungen und an einem moralischen Aufstieg interessiert und er erwacht förmlich mit seinem anteilnehmenden Blick ab jenem Moment, ab dem eine Entscheidung in die Richtung eines günstigen Fortschrittes getroffen wurde. Für ihn bildet die Entwicklung des Hinterbliebenen eine Befreiung, sie ist keine Konkurrenz, sie ist sogar Lebensatem und stellt eine Ausdehnung der vielleicht im Nachtodlichen durch Schatten begrenzten Möglichkeiten dar.

(1) In spiritistischen Sitzungen oder in mehr oder weniger deutlicher Form in medialen Überlieferungen nimmt der Einzelne, der sich diesen Techniken widmet, keinen wirklichen Kontakt in Form einer Anschauung, Wahrnehmung oder Erkenntnis auf. Er erlebt nicht, wie sich der Verstorbene fühlt und wie die Gesetze im Nachtodlichen wirken, sondern er nützt nur die Informationen, die sich durch spiritistische Übertragungen oder mediale Übermittelungen ergeben. Der Verstorbene wird benutzt zum Informationsgewinn für den eigenen Vorteil. Durch diese Techniken, die im esoterischen Bereich heute sehr vielseitig sind, besteht die große Gefahr, dass

der Übende keinen wirklichen Bezug zur irdischen Welt aufbaut und sich gegenüber einer Erweiterung des konkreten Denkens, realen Fühlens und Wahrnehmens und schließlich einer gesunden Willensbildung verschließt. Für alles Heilwerden, das durch die Seele oder durch die Spiritualität motiviert wird, sollte deshalb jegliche dubiose mediale Technik vermieden werden. Zum Heilwerden der Seele gehört immer eine solide Schulung des Denkens, Fühlens und Wollens, und diese sollte sich sowohl zur irdischen Welt in vernünftiger Weise als auch zu spirituellen Gesetzen in konkreter Weise in Beziehung bringen. Sehr sorgfältig sollte sogar der Heilsuchende auf diese Regel, die besagt, alle esoterisch halbfertigen Techniken beiseite zu lassen, achten, denn diese bewirken nicht eine Stabilisierung der Weisheit, *sthita prajñaḥ*, die so wichtig wäre, damit sich eine ruhige Grundlage im Menschen mit Gesundheit entfalten kann, sondern eine Reizung des Vegetativums, auf deren Grundlage sich schließlich nervliche Schwächen und Krankheiten entwickeln.

8. Der heitere Asketismus in der Mondensphäre

Einer der wesentlichsten und faszinierendsten Eindrücke der seelisch-nachtodlichen Welt ist derjenige des positiven und heiteren Asketismus. Dieser lebt wie eine Art Sieg oder ein hervorragendes Ruhmgefühl des Sich-Erhebenden in der nachtodlichen Welt. Derjenige, der sich mit diesem großartigen Phänomen in der nachtodlichen Planetensphäre oder, genauer ausgedrückt, in der kosmischen Mondensphäre auseinandersetzt, bemerkt im Sinne des irdischen Lebens ein Aufleben von Ideen und ein tiefes Bedürfnis, diese Ideen zu Idealen umzusetzen. (1)

Um diesen sogenannten heiteren Asketismus zu verstehen, lässt sich beispielsweise die Aufmerksamkeit auf verschiedene Lebensphasen, ganz besonders auf vergangene, lenken. Früher beispielsweise kümmerten sich die Menschen nicht so sehr überaufmerksam um ihren Körper und um die erkrankten Glieder, denn sie ahnten noch die stille Wahrheit, dass die Seele in geheimnisvollen höheren Dimensionen lebt und nicht mit dem Körper sterben kann. So erahnten die Menschen in vergangenen Zeiten noch kleine Nachklänge jener existierenden seelisch-nachtodlichen Wirklichkeit und konnten im einfachen Vertrauen ein kosmisches Weiterbestehen glaubend annehmen. Diejenigen Mächte und Einflüsse, die Krankheiten erzeugen und den Körper peinigen, waren für sie tatsächlich mehr auf die irdische Zeit beschränkt, und der Einzelne konnte auf ein größeres Heil hoffen, nachdem die Seele den Leib verlässt. Das Schicksal der Krankheit war mit diesen Ahnungen über eine existente nachtodliche seelische Wirklichkeit leichter hinzunehmen und deshalb konnte der Einzelne mit dem Leiden leichter zurechtkommen. Die Menschen blieben mit diesen Empfindungen gewissermaßen noch etwas freier von der Körperlichkeit und sie waren noch mehr in einem natürlichen asketischen oder verzichtenden Verhalten gegenüber dem physischen Dasein gegründet.

Dieses natürliche, noch reinere Verhältnis zum Körper aber lässt sich durch die heutige Art und Weise des Lebensempfindens und der Lebenslaunen, die sich im Laufe der Kulturentwicklung geprägt haben, nicht mehr häufig finden. Die Emotionen nehmen heute im Falle einer Krankheit das menschliche Bewusstsein gefangen und führen es förmlich noch weiter in die Aufmerksamkeit der irdischen Sphäre. Derjenige, der krank ist, kümmert sich deshalb weitaus mehr um sich selbst, jedoch nicht wirklich um sich selbst im Sinne des Wortes eines Selbst, sondern lediglich um die Emotion und Ängstlichkeit, die das Kranksein automatisch progredieren lässt. Das Bewusstsein beginnt, sich mit diesen Ängsten eng an den Leib zu haften, und verliert eventuell auf unangebrachte Weise noch weiter die natürliche freie und freudige Beziehungsfähigkeit.

Indem sich aber der Einzelne mit ganzer Klarheit und Kraft bewusst wird, dass im nachtodlichen Leben eine reale Dimension existiert, die durch eine beharrliche Aufrichtekraft gegenüber den Ängsten und emotionalen Verhaftungen webt und leuchtet und die nichts anderes begehrt, als den hässlichen Geschöpfen der Anhaftung Widerstand zu leisten, kann er sich einen heiteren Asketismus aneignen. Der Glaube an eine Erlösung im Nachtodlichen oder an eine Befreiung von Schmerzen und Leiden durch den Tod wäre viel zu wenig, um diesem Bewusstsein, das einem Sieg ähnlich ist, gerecht zu werden. Wer nur im passiven Hoffen auf eine bessere Zeit im Nachtodlichen das irdische Leben verneint und es eventuell sogar zugrunde richtet, folgt einem Glaubensschema, das in einem grotesken Widerspruch zu den Prinzipien der kosmischen Ordnung steht. Der heitere Asketismus entsteht dann, wenn der Einzelne einen klaren Gedanken, der wahr und wichtig ist, erfasst, ihn zu Vorstellungen weiterentwickelt und gleichzeitig alle Widerstände mit heiterer Gelassenheit hinnimmt, überwindet, ihnen beharrlich die Flanke bietet. Die Sonne erobert die Mondensphäre und in der Mondensphäre herrscht bald eine heitere Stimmung.

Die interessante Frage, warum der Mond in silbrig-weißem Licht für das menschliche Auge erscheint, darf hier an dieser Stelle einmal zur Erklärung kommen. Um diese Frage nach esoterischer tieferer Weisheit zu beantworten, ist es wichtig, den Blick auf das reflektierende Licht des Mondes zu richten und es zu betrachten, wie es auf der Erdenoberfläche ankommt und diese sogar sehr weit durchdringt. Das Sonnenlicht spiegelt sich an der Mondensichel. Dieser Mond lädt jedoch das entgegenstrahlende Licht und alle Sinneseinflüsse zurück auf die Erde. Er selbst ist kühl und gibt nur das zurück, was er empfängt. Durch die Tatsache, dass der Mond alle entgegenkommenden Einstrahlungen sofort an die Erde zurücklädt oder sogar ablädt, erscheint er selbst rein, weiß, während das Schattengebilde auf der Erde außerordentlich wirksam wird und den Erdmantel förmlich mit Tiefenwirksamkeit durchdringt. Wesenhaft, fast gespenstisch fühlt sich das Licht des Mondes an. Jene Wesen erzeugen auf der einen Seite die Wachstumskräfte des Pflanzenreiches und am Menschen die Reproduktionskräfte, aber sie geben darüber hinaus eine gewisse Schwere und erinnern an das Leiden. Der Mond besitzt die Aufgabe, alle Kräfte, die aus dem Sonnenraum kommen, an die Erde abzugeben und sie förmlich in die Erde hineinzuorganisieren, und somit hat der Mond die Aufgabe, dem Menschen alle Taten, Worte und Ziele, die er selbst schafft, die er erzeugt, wieder zurück zu geben. Der Mond ist förmlich wie ein Gericht, das dem Menschen sein eigenes Angesicht widerspiegelt und ihn gleichzeitig zu sich selbst zurückwirft. Die Mondsichel muss weiß erscheinen, da sich auf der anderen Seite der Mensch im Schattenabglanz seiner eigenen Taten und Lebensvorstellungen wiederfindet. Die Leidenschaft bleibt durch den Mond beim Menschen und findet durch ihn selbst seine Läuterung. Blickt das menschliche Auge zum Mond empor, erlebt es unmittelbar mit dem Anblick des silbrig-weißen Glanzes ein Zurückgeworfensein auf das eigene Potenzial aller Leidenschaften. Die Farbe des Mondes kann sich nur im silbrig-weißen Glanze offenbaren und dies entspricht jener Weisheit, dass sich der Mensch mit sich selbst und seinen Taten konfrontieren möchte. Solange der Mensch in seinem Beruf keine nächsthöheren Inhalte aus spirituellen Quellen organisiert, kann er aus dem Begehrenskreislauf mit all seinen Leidensformen und Leidenschaften nicht ausbrechen. Die Sonne will in die Mondensphäre eintreten und den schattigen Abglanz erlösen und sie will durch die Aktivität des Menschen selbst ihre Kräfte zum Eingreifen bringen. Die Farbe ist wie der physische Ausdruck der Seele, und der schattige Abglanz, den der Mond liefert, kann niemals ganz überwunden werden, wenn das goldige Licht der Sonne nicht in die Gedankensphäre des Menschen eintreten will.

Beispielsweise weiß der Übende durch ein Studium der Schriften von initiierten Personen, dass er in seinem Beruf eine weitaus hochwertigere Arbeit einbringen könnte, wenn er sich in mutigen Worten in eine Führungsposition bringen würde. Vielleicht könnte er im Beruf des Richters Menschen nicht nur nach den äußeren Beweisen beurteilen, sondern sie sogar nach besten Einschätzungen erziehen und zur Moralität über das Gesetz hinaus fördern. Er müsste jedoch manche vorgeprägte gesellschaftliche Struktur überwinden und den Mut zu einem nächsten Ideal, das in eine praktische Konsequenz geführt wird, einbringen. Der heitere Asketismus entsteht tatsächlich durch eine geduldige Ausdauer, die mit wohl abgestimmten weisen Schritten eines mutigen Handelns für eine zukünftige Perspektive geleistet wird. Phasen der Unsicherheiten im Bilden von Gedanken und im Wagemut mit Entscheidungsschritten stehen gewissermaßen dem Wesen eines vergänglichen und unbrauchbaren Äußeren gegenüber. Der in seinem Beruf oder allgemein im Leben sich Übende überwindet gerade aber durch dieses Gegenübertreten gewisse niedrige Verhaltensweisen und bewirkt eine nächsthöhere Manifestation eines Gedankens, und im Geistigen leuchtet ein Sieg. Ein heiterer Asketismus lebt in diesem Spiel des Sich-gegenüber-Stehens von einem in die Geburt tretenden Gedanken und einer vergänglichen anhaftenden Sinneserscheinung auf dem weltlichen Plan. (2)

Das Horus-Auge wurde in den ägyptischen Sagen dem Mondgott zugeordnet. Diese Zuordnung wurde insbesondere deshalb getroffen, da der weise Mondgott Thot, der Schutzpatron der Wissenschaften, nach der Sage dieses Auge des Horus, nachdem es Seth, der Widersacher, zerstückelt hatte, wieder zusammenflickte. Das Gleichnis der Wiederherstellung liegt in diesem Auge. Es ist in seinen Teilen geometrisch genau berechnet und wirkt deshalb sehr harmonisch. Die Wiederherstellung eines kranken oder zerstückelten Zustandes in einen integren offenbart die Kostbarkeit dieses schönen und wertvollen ägyptischen Symbols. Nach genauer Betrachtung mussten die alten Ägypter dieses Symbol dem Mond zuordnen, da sie die Kraft der Regeneration und die Wiederherstellung des einmal Zerstörten in der Tat der Götter und darin den Mond, den Regent der tieferen und auch unbewussten Kräfteströme der Heilkunst, sahen. Indem das Auge aber wiederhergestellt ist, oder besser ausgedrückt, es nach Form und Maß zu einem Ganzen weiterentwickelt wurde, erstrahlt es sonnenhaft, wie ein nach außen gekehrtes lebendiges, funkelndes Bewusstsein.

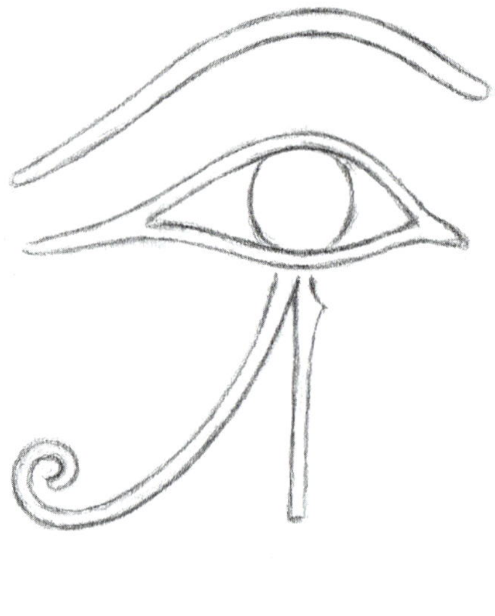

Dieses Auge des Horus ist ein Lichtsymbol, es schenkt einerseits eine Erinnerung an eine wiederhergestellte Ordnung und andererseits vermag es den sonnenhaften Expressionen in einfacher Gestikulation nahezutreten. Wer es betrachtet, bemerkt, dass dieses Symbol wie eine Lampe nach außen erstrahlt, das Licht nicht zurückhält, es vielmehr mit seiner geometrischen Anordnung der Linien an die Peripherie bringt und als lichtes Symbol sympathisch erscheinen lässt. Das Auge blickt nach außen. Es wird vom Mond zur Sonne. Horus selbst ist ein Ausdruck für die morgendliche Sonne und für die Wiedergeburt der Ätherkräfte. Bezeichnenderweise ist am Morgen der Lichtäther sehr aktiv.

In der seelisch-nachtodlichen Welt erstrahlen weitreichende Ideen, die sich zu Idealen gebärden möchten, wenn der Mensch im irdischen Dasein gewissen niedrigeren Formen widerstehen kann, sie observiert und mit Nachsicht, aber nicht mit ganzer Akzeptanz, hinnimmt und im besten Vertrauen eine nächsthöhere moralische Form erstrebt. Selbst wenn das nächste Ideal noch nicht ausreichend geboren ist, sieht er dennoch die niedrigere Form als ungeeignet oder töricht und ringt nach geeigneten Gedanken und daraus entstehenden Lösungen. Vielleicht zerbricht er sich sogar, wie man umgangssprachlich sagt, den Kopf, da er noch nicht die rechte Idee findet. Die niedrige Form wird nicht verurteilt, sie bleibt nur wahrgenommen, gewissermaßen als Kreation im Vergänglichen erkannt, während eine Aussicht auf eine nächsthöhere Stufe bereits in eine Sehnsucht gelangt. Wo liegt nun der Sieg, der hell leuchtend in der nachtodlichen Welt aufersteht? Er liegt nicht darin, dass der Übende beispielsweise auf partnerschaftliche Beziehungen, auf ein gutes Essen oder eine Art Passion wie Sport verzichtet, sondern er entsteht durch das Hinnehmen von lasterhaften, unangebrachten Verhaltensweisen, von all jenem, das man mit „Genuss" oder „Lust" bezeichnet, und durch das gleichzeitige Durchhalten in der Sehnsucht nach etwas Höherem, nach einem Höheren, das der Mensch mit einer Idee oder mit einem Gedanken schließlich doch in die Geburt führen möchte.

So wie im früheren Dasein der Mensch das Leiden hinnahm und eine Befreiung von den irdischen Schmerzen nach dem Tod erhoffte, so kann heute der Glaubensbegriff dahingehend verstanden werden, dass der Übende auf ein Leiden, auf eine Unvollkommenheit oder gar Hässlichkeit blickt, an dieser sich aber nicht verhaftet oder mit emotionalen Abwehrreaktionen verliert, sondern in ausdauernder Sehnsucht einen Gedankeninhalt erstrebt, der ein nächsthöheres Ziel herbeizuführen vermag. Hierzu benötigt er Inhalte aus der Geisteswissenschaft. Heiter wird mit dieser Disziplin die nachtodliche Welt und eine Art Siegesgefühl leuchtet schließlich aus dieser Welt hervor, die den Menschen zu Ideen und nachfolgenden Idealen zusätzlich inspiriert. Der Übende muss sich aber in manchem Ertragen-Können von Lasterhaftem und Hässlichem üben und darf den Gedanken oder die Weisheit niemals verlieren, dass es doch ein höheres Ziel gibt, das er denkend und schließlich realisierend in die Geburt führt. Der heitere Asketismus führt zu einem Aufflammen der Ideenwelt im Menschen und lässt schließlich Ahnungen über jene Dimension entstehen, die im seelisch-nachtodlichen Mondendasein ein wirkliches Siegesgefühl sind. Dieses Gefühl entsteht nämlich nicht nur durch Anstrengungen im Äußeren, sondern durch ausdauernde Geduld und ein bewusstes Wollen, einen nächsthöheren Inhalt der Spiritualität zu realisieren. (3)

Heilung umfasst nach dieser hier dargelegten Charakterisierung eine umfassende Entwicklung, die nicht nur auf den Körper, sondern auf das Seelenleben und auf den geistigen Werdegang des Menschen ausgerichtet ist. Das Wort Heiligung, das mehr im sakramentalen Sinne seine gewöhnliche Anwendung findet, wird in der Regel heute nicht mehr ausreichend verstanden. Welche Dimension könnte sich hinter dem früher noch gebrauchten Wort der Heiligung verbergen? Sind es bestimmte mantrische oder sakrale Gesänge, Gebete, die der Übende wiederholend rezitiert? Vielleicht in einem gewissen Sinne können Mantren und Gebete, Lieder und das Lesen von heiligen Texten eine Atmosphäre erschaffen, die ein schönes wahrnehmbares helles Licht, ein regelrecht angehobenes Empfinden und eine meditative Ruhe erzeugen kann. In den Worten leben Ätherkräfte und wenn sie auf angemessene und reale Weise in einer Rezitation zum Ausdruck gelangen, erfüllen sie den Raum und geben dadurch eine erste angenehme, vielleicht an das Heilige erinnernde Stimmung. Eine heilsame Atmosphäre liegt in diesem Bemühen um Rezitationen im bewussten kontemplativen Hingewendet-Sein mit Hilfe von überlieferten Liedern, Wortformeln und Texten.

Das Wesen der Heiligung, das sehr nahe mit dem der Heilung verbunden ist, drückt sich jedoch auf eine noch viel intensivere und charakteristischere und vor allem personal ergreifende Weise aus. Der Übende wendet sich beispielsweise Inhalten und Schriften wie denjenigen, die von Rudolf Steiner original verfasst sind, hin oder er überantwortet seine Aufmerksamkeit mit klarer Forschungsabsicht und konkreter Auseinandersetzung bestimmten traditionellen Schriften wie den Evangelien oder der *Bhagavad Gītā* und liest hierzu gute geisteswissenschaftliche Interpretationen. Durch diese seelische Aktivität verbunden mit einer eigenständigen Denktätigkeit, auf die ein Empfinden folgt, nimmt er tatsächlich eine lichte Äthersphäre auf. Sein Haupt gewinnt eine umstrahlende Farbe und die Stirn erhellt sich. Die Heiligung entsteht durch reale Ätherkräfte aus der konkreten Auseinandersetzung mit Gedanken und Inhalten, die aus Initiationsquellen stammen. Die Quelle jedoch muss real und wahr sein und das bedeutet, dass sie aus wirklich geistiger Erkenntnis verfasst wurde. Die heilige Sphäre, die um das Haupt des Menschen aus Ätherkräften entsteht, kann niemals zur Erscheinung gelangen, wenn sich der Übende nur medial übermitteltem Schriftgut oder gar fantastischen Erzählungen aus einer vermeintlichen geistigen Welt hingeben würde.

(1) Rudolf Steiner benannte diese Sphäre des Mondes als *kāmaloka*, als die Welt, in der sich die Begierden durch Ausdörrung reinigen. *Loka*, der Ort, wird nach dem Sanskrit allgemein immer als kosmischer Aufenthaltsort bezeichnet.

(2) Erinnerungen, die bis in die Jugend zurück gehen, zeigen manchmal auf eindrucksvolle Weise, wie zu der damaligen Zeit Ängste in manchen Unternehmungen bestanden haben und wie ein Wagemut errungen werden musste. Wie viele Male musste man sich in der Jugend überwinden? Wie beengt und kleinlich haftete ein Gefühl am Körper? Vielleicht hatte man Angst sich zu blamieren, wenn man vor einer Gruppe reden musste. Der Jugendliche klebte mit seinem Gefühl an der Unsicherheit seines eigenen emotionalen Gemütes und wurde rot, stotterte und vieles mehr. Heute, aus der Sicht eines großen Abstandes, zeigt sich in den Erzählungen und Erinnerungen eine natürliche Heiterkeit und der Erzählende könnte schon nahezu vergessen, wie sehr er mit seinen Ängsten an der irdischen Sphäre anhaftete und klebte. Es ist aber nichts anderes als eine banale Anhaftung gewesen.

(3) Das Begehren ist häufig mit dem Element der Lust verknüpft und sucht im ungeläuterten und unbewussten Zustand einen gesteigerten Lebensgenuss. Nach dem Tode erfährt die Seele alles Begehren, das in der Lust und im Genuss stehengeblieben ist, als eine abschirmende Hülle mit meist dunklem, undurchdringbarem Charakter. Jede Abschirmung durch ein zu stark verdichtetes Licht gibt der Seele ein Leiden und hält sie über eine gewisse Zeit im isolierten Zustand fixiert. Steigt jedoch die einzelne Person während des Lebens über die begehrenden Genüsse des Lebens zu einer größeren Auseinandersetzung und schließlich sogar zu einer Erkenntnisbildung auf, bleibt sie also nicht an dem Genuss allein haften, sondern entwickelt sich zu größeren Idealen, wird jede Leidenssphäre überwunden und nach dem Tode erlebt die Seele eine gesteigerte Verbindung zu dem Kosmos und fühlt sich des Weiteren mit den Hinterbliebenen in einem nahen, fühlbaren Verhältnis.

Schmerzen, Leiden, unangenehme Anforderungen, Schicksalsschläge, Demütigungen, Beleidigungen, Ausgrenzungen, die eine Person im Leben erfährt und vor allem die sie auf ungerechtfertigte Weise tragen muss, geben der Seele im Nachtodlichen ein Glückseligkeitsgefühl. Man betrachte nur einmal das Verhältnis des Bewusstseins, das sich gegenüber einem Schmerz gezielt aufrichtet und diesen in voller Gegenwärtigkeit erträgt. Erste Andeutungen dieser Seligkeit werden im Aufrichtevermögen des Bewusstseins gegenüber den äußeren Einflüssen erfahrbar und der sich so Übende bemerkt, wie er auf diese Weise seelisch und geistig erkraftet. Es stellt sich jemand beispielsweise kaltes Wasser vor, er taucht schließlich tatsächlich in das kalte Wasser ein, es fröstelt ihn, aber er nimmt die schmerzliche Kälte mit ganzem Bewusstsein hin, erlebt sie als äußere Schmerzattacke und erfährt auf diese Weise eine erste aufsteigende Freude, die aus dem Seelischen entspringt und zuletzt sogar den Körper zu einem gewissen Grade transformiert. Im Nachtodlichen sind die Verhältnisse von Leiden und Freude ganz häufig in einem anderen Bezug und vor allem sind sie meist umgekehrt.

Die Kommunikation mit Empfindungen und Symbolen im alten Ägypten: die Empfindung lebt durch den Lichtäther. Eine Dienerin überreicht im alten Ägypten ihrer Herrin einen Fächer aus Federn. Die Herrin selbst hält eine Lotusblume in der Hand.

Die Symbole in dieser alten Kultur haben eine große Aussagekraft, da sie eine kosmische Wirklichkeit auf reale Weise benennen. Worte und Symbole, Gesten und Handlungen hatten damals nicht den heute so bekannten materiellen Charakter, sondern sie hatten eine kosmologische Bedeutung. Die Dienerin überbringt eine Art Botschaft mit Wahrheit und Lichtcharakter, da sie die Feder überreicht. Die Feder war sogar das Symbol, welches das kosmische Gleichgewicht in Beziehung des Kosmos zu den Menschen regelt. Es ist ein außerordentlich hohes Lichtsymbol.

9. Die Hüllenbildung im subjektiven Erleben als Gegenbild zum freien Lichtäther

Ein kleiner Fall als Beispiel kann das Wort Heiligung noch näher erläutern und es für den, der auf dem Weg der Initiation eine erste Heilung erlangen möchte, verfügbar machen. Man stelle sich vor, es gibt sich jemand, wie es einmal tatsächlich der Fall war, als Initiationsmeisterin aus. Diese Person veröffentlichte eine Internetseite, mit der sie sich als die Quelle des Lebens und allen Lichts repräsentierte. Die Vorgabe aber, eine große Meisterin und Seherin zu sein, entspringt aus der Illusion eines fanatischen Egoismus mit absolutistischen Ansprüchen und aus einem größenwahnsinnigen narzisstischen Machtbewusstsein. Viele Personen aber gehen zu dieser scheinbar erleuchteten Meisterin und erwarten von ihr Hilfe, da sie sich als große und erfolgreiche Heilerin ausgibt. Die Lehrformeln, die sie ihren Schülern oder Patienten aufdrängt, sind falsch und dienen lediglich dem Zweck, die suchenden Menschen von ihrer vermeintlichen Gnade und Gunst abhängig zu machen. (1)

Wie findet die Kontaktaufnahme zwischen der vorgegebenen Meisterin und den suchenden Patienten und Schülern statt? Ereignet sich diese Begegnung mit klaren konkreten Vorstellungen und mit einem freien, sich gegenseitig wahrnehmenden Kennenlernen? Oder tritt von allem Anfang eine Täuschung mit einem abschirmenden Bindungszugriff ein? Die Beobachtung dieses Verhältnisses von Menschen, wie es in Freiheit oder in ergreifenden Bindungen stattfindet, ist für den, der nach Heilung strebt, von einer besonders wichtigen Bedeutung, denn es entscheidet in determinierendem Fortgang über lange Zeit hinweg, ob eine gesundende oder eine reduzierende psychische und physische Konditionierung eintritt. Aus diesem Grunde sollte derjenige, der Heilung im umfassenden Sinne sucht, auf die verschiedensten Bedingungen achten und sich sogar schulen, dieses Begegnungsverhältnis auf ein gewünschtes Niveau zu führen. Der Heilsuchende ist deshalb im gleichen Maße für seine Heilung verantwortlich wie derjenige, der durch ärztliches Können oder Beratung heilend wirkt.

Bereits durch den ersten Kontakt mit der Meisterin entstand eine Projektionssphäre, bei der der suchende Kranke an seine Traumen erinnert wurde, denn geschickt übermittelte die scheinbar so große Lehrerin eine vereinnahmende moralische Wertigkeit, die aber keinen anderen Zweck verfolgte, als jegliche objektive Grundlage von Therapie oder Gespräch zu zerstören. In der Fachsprache würde man sagen, dass sich heute im esoterischen Bereich gerade durch mangelhafte Erkenntnisse der geistigen

Welten und durch einseitige Selbstüberschätzungen oder fehlinterpretierte Erleuchtungen eine astrale Beeinflussung verströmt, die allzu leicht in die früheren Traumen des Menschen eingreift, den Willen besetzt und mit diesen Rückkoppelungen die wirkliche Entwicklung, die möglich wäre, abschirmt. In der ersten Kontaktaufnahme zeigte sich bereits dieses Verhältnis, das in Wirklichkeit auf einem Nicht-Kennenlernen und Nicht-Wahrnehmen in der Gegenseitigkeit wie auch auf einem absoluten Fehlen einer sicheren Kenntnis der seelischen und geistigen Umstände beruht. Weder die irdische Welt in der gegenseitigen Wahrnehmung noch die geistigen Wirklichkeiten sind Gegenstand der Betrachtung. Tatsächlich lassen sich heute relativ häufig diese falschen irdischen als auch spirituellen Interpretationen entdecken, und sie werden äußerlich auch für das hellsichtige Auge sichtbar wie beispielsweise Hüllen über dem Haupt des suchenden Schülers. Sie beschreiben das Gegenteil von einer natürlichen oberen Sphäre, die die untere berührt, und damit entbehren diese Formen der Begegnung unter Menschen jeder objektiven Wahrnehmung und Gültigkeit. Eine Art breitgefächerte dunkle Zone mit abschirmenden Begrenzungszügen umschließt schließlich nicht nur das Haupt des sich blind hingebenden Schülers, sondern mit der Zeit sogar den ganzen Körper. Nicht ein wirkliches Zusammentreffen von einer oberen Sphäre oder außenstehenden, sich austauschenden Wirklichkeit mit dem Menschen entsteht, nicht ein konkreter Gedanke tritt in die Beziehung, sondern eine zu frühe Verbindung, eine Art Einheit, vielleicht wie Symbiose, erschafft ein rein ungegliedertes Beziehungsverhältnis, und dadurch fehlen jegliche Beziehung, Verbindung und Begegnung.

Die so charakteristische Art des Zurückgeworfenseins auf das körperliche Gefühlsleben entsteht auf dieser Grundlage des fehlenden Kommunizierens eines konkreten und objektiven Gedankens, das charakteristisch für den Lichtäther mit seinen Farbenspielen wäre, und der sich so Hinwendende verliert im zunehmenden Maße das reale Beurteilen der verschiedenen Ebenen, auf denen sich das Seelenleben bewegen kann. Manchmal kann diese Hülle auch eine gewisse hellere Abschirmung darstellen, aber sie bleibt im wahrsten Sinne farblos. Ausstrahlungen sind möglich, aber sie entbehren des verbindenden und freien fröhlichen Farbenglanzes. Das Bewusstsein haftet sich an das Organische und die Hülle ist ein Ausdruck für dieses Anhaften. In dieser Gespaltenheit von dem natürlichen Licht haftet sich das feinere Zirkulieren der Lebenskräfte zu eng an den Körper, dirigiert diese aus ihrer Universalität in die Subjektivität und schirmt auf dieser Grundlage schließlich die Entwicklung im besten Sinne ab. Traumen von früheren Zeiten müssen infolge dieses Zurückgeworfenseins erneut reaktiv werden und es entwickeln sich Krankheiten, die sich förmlich in den Leib tiefer hineingraben als jemals zuvor. Diese aus sogenannten astralen Substanzen bestehende Aura entsteht nicht durch Lichtäthertätigkeit, sondern durch organische Reaktionen, die vom Leibe des Betroffenen aufsteigen und diese Art der Abschirmung in die Entwicklung hineintragen. Da der Kontakt mit der Außenwelt und die daraus sich neu bildenden Gedanken nicht mehr ausreichend in die individuelle evolutionäre Entwicklung hineinfinden, steigen Wesensmächte aus dem Körperinneren empor und besetzen das Beziehungsfeld. Die Personen, die sich dieser Frau ohne Kenntnis der Umstände anvertrauten, verlieren ihren Außenbezug, gelangen in einen verhängnisvollen Subjektivismus mit Schuldgefühlen und fühlen sich vom Beginn der ersten Begegnung an beständig überfordert, da sie nun glauben, sie wären selbst schlechte Menschen und müssten viele Therapien absolvieren, damit sie gesund werden können. Ein aufsteigendes und förderliches Lebenszielkonzept mit neu hinzukommenden Perspektiven, das vielleicht ein anderer ihnen vorschlagen würde, weisen sie infolge der Hüllenbildung zurück, und sie werden allzu leicht innerhalb gewöhnlicher Beziehungen aggressiv. Solange die Bindung durch falsche Spiritualität besteht, kann tatsächlich keine Perspektive erfolgen. Die eigene Welt aus Schicksal und Leid wird wieder reaktiv und diese besetzt in ganz realer Hinsicht die Aura des Menschen und beginnt, alles übergeordnete Licht, das herantreten möchte, Farbe und Fröhlichkeit repräsentierend, abzuschirmen. Auf Objektivität entstehen förmlich Aggressionen und das subjektiv Innere in seiner zähen Verfasstheit stößt jegliche Richtigstellung oder Kritik zurück.

Anstelle einer wirklichen heiligenden, lichterhebenden und farbenfrohen Ausstrahlung, die sich um das Haupt des Menschen bilden könnte, entsteht die abschirmende Hülle und diese würde sich am besten mit einer Entheiligung bezeichnen lassen. Da diese Erscheinungen tatsächlich in der Realität nicht gerade selten sind, darf gerade dieser Aspekt des Hinwendens an reale Quellen in Form einer besten und konkreten objektiven Beziehung betont werden. Eine Auseinandersetzung mit dem sogenannten Negativen oder falschen Lehrvorgaben ist jedoch dringend notwendig und führt schließlich zu einer besseren Hinwendung und sogar zu einer Liebe zu den vornehmen und schönen Gedankenkräften, die aus der initiierten Welt die Wege der Mitteilung genommen haben. Das dunkle Prinzip bedarf der ständigen Überwindung, da es unmittelbar zu dem Lichte hinüberführt. Beide Formen des Studiums, das der Hüllenbildung, des schizoiden Rückzuges mit einer leichtfertig gewählten vermeintlichen Meisterin auf der einen Seite und die Möglichkeiten der realen Auseinandersetzung mit wesentlichen Initiationsquellen auf der anderen Seite, bedingen sich gegenseitig und führen schließlich zur Wertschätzung der Gedanken, die von initiatorischer Seite in die Welt finden. Die Heiligung im Sinne einer Heilkraft entsteht durch die sorgfältig gewählten Verbindungen zu den Initiationsquellen. Heiligung heißt im realen Sinne Erleuchtung des Hauptes. (2)

Das Licht aus der geistigen Quelle erleuchtet den Übenden und heiligt sein Haupt. Es heilt ihn und heilt sogar die Umgebung. Gleichzeitig erweitert sich die Quelle des Geistigen und das Firmament mit seinen Sonnenkräften erstrahlt in mehrfacher Schönheit. In jenem Fall aber, in dem sich beispielsweise eine Meisterin zu Gott durch eitlen Narzissmus erhebt und Schüler sich in passivem Rezeptivismus den halbherzigen esoterischen Formen anvertrauen, verdunkelt sich unmittelbar das Antlitz aller angehörigen Beteiligten. Tritt eine wahre Quelle auf, entstehen regelrechte Kämpfe mit vielen Bewertungen und Verleumdungen gegenüber dieser. In esoterischen modernen Richtungen existieren vielerlei Umgangsformen, die jede Objektivität ausschließen und keinen konkreten Gedanken- und Empfindungsweg zulassen. Versucht jemand innerhalb esoterischer Kreise eine objektive Wirklichkeit darzustellen, wird er sich sehr schwer tun oder vielleicht sogar auf größten Widerstand stoßen. Die Wahrheitsansprüche in subjektiver Form verteidigen sich gegen jegliche von außen kommende Kritik, denn innerhalb der Wirklichkeiten, die geschaffen werden, besteht eine spezifische Art gebundener Geistigkeit, die in esoterischen Kreisen jedoch groteskerweise meist mit göttlicher Energie bezeichnet wird. Eine falsche Meisterin nimmt das Licht von ihren Schülern, und selbst wenn diese nicht anwesend sind, sich sogar von ihr distanziert haben, wirkt der Prozess des Energieraubes so lange weiter, bis eine Richtigstellung mit klarer Erkenntnis durch die einzelne Individualität entsteht. Traumen, die durch Lügen einmal gesetzt sind, wirken ebenfalls fortwährend weiter und ziehen aus dem Ätherleib des Menschen immer wieder neue Missgeschicke mit ähnlichen Retraumatisierungen an.

Aus diesem Grunde sollte der spirituelle Pfad nach sorgfältigen Kriterien erwählt und mit möglichst konkreten Inhalten realisiert werden. Alle eigenartigen Formen, die wie Schlagwörter heute auf den esoterischen modernen Pfaden gelehrt werden, wie beispielsweise „präsent sein“, „Ich tue nur dasjenige, was mir gut tut...“, „Ich habe einen Meister und mein Meister hat gesagt...“ oder „Ich lebe nach Gottes Prinzipien“ oder auch „Ich empfange jeden Tag die göttliche Energie“, sind Formulierungen, die in dieser Schlagfolge unbrauchbar sind und unnötig das Bewusstsein ohne

Inhalt und ohne Vorstellung besetzen. Solange der Übende sich nur an diese und ähnliche schnell rezipierte Wortformeln hält, verhindert er eine wirkliche Anschauungsbildung und ein folgerichtiges Denken, die zur konkreten inhaltlichen Bereicherung des Seelenlebens führen würden, und er kann schließlich auf dieser fehlenden Grundlage keine rechte Heilung ausprägen. Der neue, wirklich hereinwirkende Gedanke mit seiner klaren Form kommt durch unsolide Wortformulierungen und passive Rezeptionen nicht zu seiner tragenden lichten Ausstrahlung. Die vorübergehenden Erkraftungen, die durch viele Energiespiele in esoterischen Kreisen entstehen, schenken den Schülern wie auch der vermeintlichen Meisterin eine recht eigenartige Pseudo-Lichtaura ohne klare Formgestalten und ohne wirkliche korrespondierende Farben. Die Aura des Subjektiv-Organischen ist in Wirklichkeit farblos, während die Begegnung mit konkreten Gedanken und Inhalten Farbe erzeugt. Die Erscheinung des farbigen Glanzes ist in jeder Hinsicht ein bester Ausdruck des Seelischen und dieser entwickelt sich durch Beziehungen und Begegnungen auf geordneter Grundlage. Die fehlende Authentizität im heutigen esoterischen modernen Markt führt zu Auraverhältnissen mit unschönen Äußerungen, die bei weiterer Betrachtung nicht nur unschön sind, sondern die Eigentümlichkeit haben, dass sie nicht mit dem Körper und der Seele in Verbindung stehen und auch nicht in Verbindung treten können.

So wie eine Begegnung zwischen Menschen auf objektiven Inhalten beruhen sollte, so muss das Studium von geistigen Inhalten im Sinne einer Gedankenbegegnung ebenfalls objektiv sein und darf keinesfalls in einen subjektiven, emotionalen oder mystifizierten Umgang abgleiten. Aus diesem Grunde ist es immer die erste und hervorragende Aufgabe, das Denken und Empfinden nach spirituellen Grundsätzen zu schulen und nach Regeln der Konkretheit und der Logik zu wahren. Die geistige Welt ist in ihren Formen und Farben weitaus konkreter als beispielsweise die gewöhnlichen Gemütsverfassungen und die vielen mystizierten Pseudovorstellungen, die sich Menschen in subjektiven Einbildungen einreden.

Die Hüllenbildung, das Gegenbild zur Lichtäthertätigkeit, kann aber auch ein Ergebnis aus falscher Verehrung sein. Der Übende projiziert sein eigenes Innenleben auf die spirituelle Quelle und erschafft sich eine Scheinwelt, die ihn von der Realität abschirmt. Diese Kondition schwächt sowohl den Kosmos als auch das psychische und physische Leben. Es tritt Entheiligung anstatt Heilung ein und fast immer sind missionarische Formen im Umgang des Miteinanders spürbar. Der Lichtäther kann aber dann zu seiner empfindsamen und schönen Wirkung kommen, wenn es dem

Die Figuren in den Hieroglyphenzeichnungen sind im abgestimmten Verhältnis zueinander, nicht zu weit entfernt und nicht zu nah.

Übenden gelingt, einen inhaltlichen und konkreten Gedanken aus einer spirituellen Quelle längere Zeit ohne Anspruch und ohne ihn sofort zu konsumieren – das heißt, ohne ihn sogleich im Gemüte zu rezipieren, ihn also nicht einfach zu „nehmen", wie wenn er Nachrichten hören und dann diese Nachrichten als seine Meinung wiedergeben würde – wie in der Anschauung, wie im Raume zu belassen, sodass der Gedanke wie ein Wegbegleiter, wie eine kleine Sonne in seiner Sphäre bewahrt wird.

Die Wirkungen zwischen einer Initiationsquelle und einem nach Wahrheit Strebenden sind immer komplementär und gleichzeitig entsteht eine Wirkung mit universaler Ausstrahlung. Gelingt es, einen Gedanken aus einer initiierten Quelle lange genug im Denken zu bewahren, ihn zu empfinden als eine konkrete, aber doch geistige höhere Wesenheit und ihn erst dann nach einiger Zeit in das soziale Leben hineinzuführen, erstrahlt das Licht im Äther anfangs um das Haupt und steigt bald hinunter in das Innerste der Seele, von der es wiederum auf andere ohne jegliche Forcierung oder Missionierung weiterwirkt. Ein Herz und ein Kopf im Lichte geistiger Gedanken erstrahlen universal und zu jedem Augenblick und dies ohne große Willensbeeinflussung von außen. Der Weg bleibt im Konkreten und doch in einer Freiheit und deshalb werden reale Gedanken aus den Initiationsquellen in das soziale Leben durch länger anhaltende Gedankenpflege und eine darauffolgende mutige Realisation umgesetzt. Seele entsteht durch Farbe. Die Gedanken tragen sich wie Wärme und Licht in die Seelen der Menschen hinein und sie werden zu ersten Wahrheiten, zu sogenannten Imaginationen, wie sie Rudolf Steiner benannt hat. Farbig und hell, sympathisch und kommunikativ erstrahlen diese Imaginationen in der Aura des Menschen. Sie wirken verbindend auf die menschlichen Gemüter, und jegliche trennenden Sphären, die der bewertende Intellekt, die vitale Emotion oder der ergreifende Wille wie Mauern errichten, lösen sich auf und jene natürliche Wärme, die die Zellen des physischen Leibes durchdringt, heilt in letzter Konsequenz den physischen Leib.

Diese komplementäre Wirkung, die in der Folge eine wachsende universale Ausstrahlung annimmt, kann aber auch durch allerlei Ängste in eine gegenteilige Form entarten. Beispielsweise existieren Beobachtungen, dass jemand Angst vor der bereits erwähnten negativ agierenden Meisterin der Spiritualität hat und deshalb jeglicher realer Anschauungsbildung gegenüber dieser belastenden Sphäre ausweicht. Gewissermaßen ist die Angst vor einer Wirklichkeit, die ebenso wie ein gedachter Gedanke eine Wirklichkeit besitzt, vorhanden. Der so wichtige Mut zur vollkommenen Gegenwärtigkeit vor der Realität fehlt. Die Folge der Angst führt zu einem geringfügigen Rückzug im Seelenverhalten und das so notwendige Entgegentreten der Realität im Bilden von Gedanken und Gefühlen im Zusammenhang mit einer Initiationsquelle lässt entschieden nach. Das ist ein Umstand, der die Wärme- und Lichtkräfte schwächt und deshalb eine dunkle Umhüllung unverkennbar heranzieht. Sowohl dem Negativen als auch dem Positiven sollte der Mensch bewusst entgegentreten und sich daran in seiner Seele weitere Vorstellungen und Ideale erbauen. Leider kann niemand dem Negativen heute sorglos und desinteressiert gegenüberstehen. Das Studium des Negativen, dies in Maßen, führt auf der anderen Seite zu einer Erkraftung des Positiven oder sogar zur Entwicklung größerer spiritueller Ideale. Ideale und deren Realisation sind für die Wärme- und Lichterkraftung des Menschen bedeutungsvoll. (3)

Eine Aspirantin auf dem geistigen Schulungsweg sagte einmal: „Ich will mich nicht von den negativen Kräften der Meisterin, die die Spiritualität missbraucht und in all ihrem Verhalten schwarzmagisch tätig ist, besetzen lassen. Ich habe Angst vor einem Verlust meines gesunden Empfindungslebens und gleichzeitig Bedenken, meine Arbeit zu verlieren. Aus diesem Grund setze ich mich nicht mit den negativen Mächten, die die Meisterin freisetzt, auseinander." Diese Haltung, geprägt durch Angst und Mutlosigkeit zur Anschauungsbildung, führte unmittelbar zu einer Umhüllung mit astralen abschirmenden Kräften, die der Aspirantin im Moment im eigenen Körper Sicherheit gaben, sie jedoch von der Weiterentwicklung mit wahrem Initiationswissen abschirmten. Die komplementären Wirkungen zwischen wahren Initiationsquellen und Aspiranten bestehen immer, aber verbunden mit einer Prüfung zu Mut und Gegenwärtigkeit. Ohne Unterscheidung und klare Moralität steigen astrale Strömungen ganz automatisch aus den inneren leiblichen Umständen empor, denn erst die Begegnung nach außen und der Mut zur Anschauungsbildung erzeugen die wahre Ruhe, die schließlich die geeignete und reale Denktätigkeit zur schöpferischen Entwicklung gewährt. Die Aspiranten auf dem geistigen Schulungsweg erhalten eine regelrechte Unterscheidungsanforderung für ihr Seelenleben, denn sie müssen die Imaginationen und deren lichte Wirkungen von den subjektiv aufsteigenden astralen Umhüllungen, ausgelöst durch Passivität und Hinwendung an falsche Quellen oder infolge von Leichtfertigkeiten, die Beeinflussungen herantreten lassen, unterscheiden und auf dieser Grundlage eine reale Ordnung in der Seele herstellen. Die Gesundheit für Leib und Seele verlangt in dieser Weise eine Prüfung des einzelnen Menschen. Man kann sie im Allgemeinen als die Ordnungsherstellung des Astralleibes bezeichnen. (4)

(1) Nach materiellen Kriterien rechtfertigt sich eine gute Therapie mit den entsprechenden Heilmitteln und Anwendungen, beispielsweise mit einer soliden Auswahl von Naturheilpräparaten und einer günstigen Abstimmung dieser mit der Schulmedizin, in jedem Fall. Neben dieser materiellen Ebene aber existiert die seelische Ebene, die sich im Unterschied dazu nicht mit äußeren Heilmitteln und methodischen Anwendungen ausdrückt, sondern sich in der Begegnungsebene und in der Art, wie der gedankliche, empfindsame und tätige Umgang im Miteinander erfolgt, bekundet. Die Seelenebene zeigt sich in der Art und Weise, wie und welche inhaltliche Gedanken die Therapie begleiten. Aus diesem Grunde kann auf die Begegnung, die neben der äußeren Therapie entsteht, mit besonderer Aufmerksamkeit geachtet werden.

(2) Es ist für die seelische Heilung bedeutungsvoll, dass tatsächlich falsche spirituelle Formen streng korrigiert werden und sie damit nicht das Seelenleben verschatten können. In der Praxis ist dieser Punkt nicht unbedingt einfach, denn es können falsche spirituelle Formen nur dann korrigiert werden, wenn eine richtigere, bessere und genauere Bewusstheit zur menschlichen Entwicklung erfolgt. Solange aber diese Entwicklungsperspektiven und Kenntnisse über die Gesetze der menschlichen Seele fehlen und die Unterscheidung der Ebenen, auf denen sich das Leben im Sinne von Körper, Seele und Geist bewegt, nicht gemacht wird, müssen allerlei esoterische Formen und illusionäre Einbildungen über Gott, Erleuchtung und Selbstverwirklichung den Menschen kompensatorisch ergreifen und besetzen. Ein Ausweg aus falscher Spiritualität durch ein sorgfältiges Studium von Inhalten über die geistige Welt ist deshalb dringend notwendig.

Ebenfalls ist es nicht anzuraten, sich der häufig verbreiteten Meinung hinzugeben, dass es besser sei, sich mit Spiritualität gar nicht auseinanderzusetzen, damit man nicht auf falsche Pfade oder in die Hände von selbstsüchtigen Gurus gerät, denn diese scheinbare Vorsichtsmaßnahme versäumt und verhindert die wirkliche mögliche Auseinandersetzung. Die menschliche Seele braucht den Nahrungsstoff der Spiritualität, sie ersehnt inniglich in Fragen ihre eigene Seinsexsistenz zu erkennen. Sie kann sich nicht mit einem Ende, mit dem physischen Leben zufrieden geben. Ein ernsthaftes und bewusstes Streben nach Wahrheiten auf dem geistigen Weg ist deshalb sogar für den Atheisten doch wieder nötig.

(3) Die objektive Auseinandersetzung mit dem Phänomen des Bösen oder Negativen oder des Irrtums und Egoismus bewirkt im Astralleib, wenn sie in Maßen geschieht, eine beste Formung zu Spannkraft und Aufrichtevermögen. Der Astralleib braucht zu einer formgebenden Dynamik, die er im Bewusstsein widerspiegelt, ein gewisses Quantum der Konfrontation mit Phänomenen, die scheinbar unerträglich und vielleicht sogar abstoßend und grausam sind. Ohne diese Konfrontation kann deshalb

der Astralleib des Menschen nicht die ausreichende Spannkraft in seinen Formen entwickeln. Er wird dann formloser, weniger aufgerichtet und beginnt gerade jene Tendenz eines falschen Akkumulierens zu entwickeln und kommt infolge seiner wachsenden Formlosigkeit nicht mehr in die ausreichende Berührung mit wirklichen Unterscheidungskriterien, und schließlich kann er bald keine Erkenntnisse mehr fördern. Wohlgemerkt sollte ein rechtes Verhältnis im Menschen bestehen: Die Auseinandersetzung mit dem Positiven und den möglichen Idealen gewinnt immer den Vorzug, während aber eine Auseinandersetzung mit Gegenkräften und Widersachern nicht fehlen darf.

(4) Es existiert nach der medizinischen Einteilung ein zerebrospinales Nervensystem, das seine Steuerungen ausgehend von der Gehirnrinde nimmt und seine Impulse an das Limbische System und zuletzt an den Hirnstamm abgibt. Im Gegensatz zu diesem zerebrospinalen Nervensystem existiert des Weiteren eine autonome oder vegetative nervliche Steuerung, die vom unteren Gehirn ausgehend mit den parasympathischen und sympathischen Nervengeflechten die verschiedensten Zonen des Körpers und der Organe innerviert. Für die praktische Anwendung der Heilkunst aus der Seele sollten alle Impulse, die auf das Unbewusste des Menschen wirken, vorwiegend auf die unteren Gehirnabschnitte, ohne den Lern- und Bewusstseinsaspekt der Großhirnrinde zu berühren, unbedingt unterlassen werden. Viele heutige Techniken wie beispielsweise schnellfertige Interpretationen über das Seelenreich nach dem Tode, esoterische Meditationen wie auch emotional geprägte Übungen in Gruppen wirken unbewusst ergreifend auf die tiefere Gefühlslage und auf den Willen des Menschen. Dieses leichtfertige Verhalten mit esoterischen Gedanken beschreibt einen Umstand, der genau die Lichtätherkräfte nicht harmonisch von oben nach unten zum Eingreifen bringt, sie nicht für das Bewusstsein organisiert und auf dieser Grundlage keine gesunde Willensbildung hervorbringt, sondern eine Art Widerspiegelung von nicht verarbeiteten und nicht bewusst gestalteten Gedanken und Handlungen in der Willenssphäre grundlegt. Der einzelne Mensch handelt ohne zu wissen, warum er handelt, spricht Wahrheiten scheinbarer Art aus, ohne diese in Wirklichkeit ausreichend zu kennen, und schließlich fördert er nicht die freie Schöpferkraft, die die gesunde Durchformung des persönlichen Wesens geben würde, er fördert vielmehr jene Umstände, die beispielsweise als Introjektion und Projektion bekannt sind. Eine Heilkraft benötigt deshalb einen Weg von einem konkreten Gedanken, der lernfähig die oberen Bereiche des Gehirnes ausgestaltet und schließlich von dieser bewussten Grundlage das vegetative Nervensystem zu führen und zu ordnen vermag.

10. Der Lichtseelenprozess und der Lichtäther

Der sogenannte Lichtseelenprozess, das ist derjenige seelische Vorgang, der tatsächlich mit Hilfe des Lichtäthers lichtorganisierend auf den menschlichen Leib und sein Zellsystem wirkt, entsteht dann in seiner souveränen und freudigen Weise, wenn der Aspirant mit dem konkreten Gedanken arbeiten und schließlich aktiv denken oder im weitesten Sinne auch aktiv empfinden lernt. In der Regel spricht das menschliche Bewusstsein von einem tatsächlichen Nachdenken und meint damit fast immer ein sogenanntes reflektierendes Denken. Ein wirklich aktives Denken beginnt im Reflektieren und Nachsinnen, aber es bleibt nicht in diesen ersten Phasen stehen, sondern überschreitet jene Grenzen des gewöhnlichen Erinnerungsnachklanges, denn es richtet sich in bewusster Gegenwärtigkeit zu dem sogenannten Wesen des Gedankens auf. Auf der astralen Ebene bildet der Gedanke eine objektive Wesenheit, und deshalb kann man von sogenannten Wesen, die durch das Denken geschaffen werden, sprechen. Ein Gedanke wäre nicht vorhanden, wenn er durch die menschliche Aktivität nicht gedacht und daher nicht in die Geburt gebracht würde. Der Umgang in diesem aktiven Verhältnis zu einem konkret gedachten oder, noch besser ausgedrückt, erhobenen Gedanken fördert die lichthafte Organisationskraft innerhalb des menschlichen Leibes und auch im Bewusstsein. (1)

Ein konkreter Gedanke kann in der Regel nicht gut oder schlecht sein, denn er ist eine Seinsnatur in der geistigen Schöpfung. Die Form jedoch, wie dieser Gedanke zu anderen in Beziehung steht und wie er in das Gefüge des sozialen Lebens eingreift, entscheidet über seine seelische und moralische Wertigkeit. Die Wesenheit des Gedankens wird unmittelbar selbst durch den Engel gestaltet und entwickelt und deshalb erscheint der entwickelte Gedanke für das hellseherische Auge lichtvoll oder engelhaft, gleichsam wie durch Flügel erhoben und geweitet.

Für jeden seelischen Heilwerdeprozess bedarf es der Entwicklung eines konkreten Gedankens und schließlich in der Fortsetzung eines konzentrierten aktiven Denkens dieses Gedankens. Indem man die Wesenheit des Gedankens in Zusammenarbeit mit dem Engel studiert, kann man den aktiven Konzentrationsprozess und den daraus entstehenden Realisationsprozess des Gedankens erkennen und ihn schließlich in die praktische Umsetzung des sozialen Lebens führen. Als ersten Schritt jedoch benötigt derjenige, der das Denken im Sinne einer Heilkraft entfaltet, zunächst ein sehr gesundes, zwangfreies Reflektieren des objektiv Gesehenen oder des in Vorstellungen Erwogenen. In diesem ersten Prozess des Reflektierens wird sich der Übende im ganzen Umfang des bewussten Tätigseins gewahr, dass ein Reflektieren, beispielsweise von Sinneseindrücken, ohne die menschliche denkende Tätigkeit nicht möglich ist. Jeder Gegenstand, beispielsweise der einfach angefertigte Tisch, kann nur zu einer bewussten Reflexion gelangen, wenn der Aspirant einen Begriff von einem Tisch erworben hat und ihn deshalb als solchen wahrnehmen und schließlich in Vorstellungen bei sich reflektieren kann. (2)

Unmittelbar mit der reflektierenden Vorstellungsfähigkeit schließt sich im zunehmenden Maße der Konzentrationsbildung die denkende Tätigkeit an und nimmt eine Art schöpferische Rolle ein. Das reflektierende Denken wurde nach den Initiationswissenschaften dem Monde beigemessen, während das eigentliche aktive Denken, auf welches im weiteren Verlauf der Akzent gelegt wird, einen Sonnenstatus im Seelenleben gewinnt. Mit diesem sonnenhaften denkenden Tätigwerden erschaffen sich Ätherkräfte, die im besonderen Maße Wärme und Licht erzeugen können.

Warum erscheint die Sonne für das Auge goldgelb? Ist es wiederum ein Zufall? Oder erklärt sich diese Tatsache aus der Physik, da in der Sonne viele Explosionen stattfinden? Nach einer tieferen Weisheit erhellt die Sonne das Firmament und die Erdensphäre. Die Sehnsucht des Menschen ist ebenfalls genau diejenige, dass er mit seiner Seele auf die Mitmenschen ausstrahlen möchte, ihnen Liebe geben und den Hilfsbedürftigen eine Gabe übermitteln, die Leidenden heilen und den Unmündigen Weisheit spenden möchte. Die Sonne erscheint hell goldgelb und leuchtend für das menschliche Auge, da sie diese Seeleneigenschaft des ausstrahlenden Gedankens unmittelbar repräsentiert. Der Mensch möchte selbst zu einer Sonne durch seine Seele werden und in letzter Konsequenz eine goldene Aura entwickeln. Jene Kraft, die durch den realisierten spirituellen Gedanken unmittelbar aus der Seele des Menschen erstrahlt, spiegelt sich in der Farbe goldgelb.

Der Engel will als schöpferische Instanz der Weltenschöpfung den Gedanken erleuchten oder zumindest erweitern und er möchte ihn zum Sonnenstatus erheben. Wie geht die Arbeit des Engels im Praktischen vonstatten, wie arbeitet er mit dem geistigen Stoff des Gedankens? Der Engel besitzt eine ätherische Kraft und mit Hilfe dieser eilt er auf den Gedanken, den der Mensch ihm liefert, hinzu. Diese ätherische feinstoffliche Substanzialität verhindert, oder will es zumindest verhindern, dass dieser Gedanke zu früh in die Tiefe des Erdendaseins hinunterfällt und sich dort in einer Art Festigkeit fixiert. Der Engel eilt auf diesen Gedanken hinzu und hebt ihn vor dem menschlichen Antlitz hervor, bewahrt ihn, lässt ihn nicht sofort entfliehen, blickt ihn mit seinem Gesichte an, so dass er unmittelbar Flügel erhält, er nimmt ihn auf seine Flügel hinauf, aber er lässt ihn nicht levitieren oder entschwinden. Die Ätherkräfte beginnen, den Gedanken, den der Mensch durch seine Reflexion herbeigeführt hat, in die weitere Konkretisierung und lichte Formung sowie in eine Beziehung und Ausdrucksoffenbarung zu führen. Der Gedanke wird durch den Engel Bildoffenbarung, Gegenwärtigkeit und nimmt eine lichte erhabene Gestaltung an. Derjenige, der diesen Prozess dem Engel in gleicher Weise nachahmt, gewinnt eine lichte Ausstrahlung um seine Haupterscheinung.

Der erste Schritt im Heilsprozess aus der Seele beginnt mit der Pflege und Reflexion von Gedanken, die nicht, und das ist bedeutungsvoll, konsumiert oder einseitig für materielle Vorteile umgesetzt werden, sondern die ausreichend reflektiert und schließlich weiter in ihrer Bedeutung und Art gedacht werden können und erst zuletzt dann in das soziale Leben integriert werden. Derjenige, der diese Disziplin übt, fördert die Arbeit seines Engels und erschafft mit den Gedanken erste heilvolle Wesenheiten. Diese Wesenheiten fallen nicht sofort in die Konsumorientierung des schnellfertigen Alltags, sie erheben nicht nur das Haupt, sondern sie dynamisieren auch die Kraft der Wirbelsäule und schließlich geben sie den Menschen rückwirkend das Licht für ein gesundes Regenerieren aller Körperpartien.

Ein zweiter wesentlicher Lernvorgang ist bei allen Krankheiten sehr dringend zu absolvieren. Hierzu ist es günstig, dass der Aspirant sich in ganze Kenntnis versetzt, in welchen seelischen Inhalten oder Umständen des Lebens er lebt und mit welchen er sich im Hauptsächlichen seines Daseins identifiziert. Alle kreativen Kräfte folgen immer denjenigen Umständen, in denen der Mensch mit seinen Gefühlen gegründet ist, und er wird sich mit seinen willentlichen Ambitionen und denkenden Vorstellungen automatisch aus diesem Zentrum progressiv bewegen. „Wo liegt das inhaltliche Lebenszentrum?", kann sich der Patient oder der Aspirant auf dem Schulungsweg fragen. Liegt es mittlerweile vielleicht gar in der Krankheit oder in ganz ungewollten Umständen, in denen er sich gar nicht aufhalten möchte?

Der sogenannte Erzengel, der eine Stufe höher steht als der Engel und mit dem Engel eigentlich gar nicht gemeinsam arbeitet, sondern souverän auf seiner Ebene seine uneingeschränkten Aufgaben führt, gibt dem Menschen genau die Umstände, in denen er sich gefühlsmäßig gegründet hat. Der Lernschritt, der deshalb gemäß dieser existierenden Ebene vollzogen werden kann, ist derjenige, dass sich der Aspirant auf dem Schulungsweg

Eine sehr schöne Darstellung von dieser lichterhebenden Tätigkeit bildet im Abendland der Engel mit seinen Flügeln oder auch mit seinem unschuldigen Angesicht. Die Unschuld ist ein Zeichen der himmlischen Sphäre.

In der alten ägyptischen Kultur finden die Feder und das Federkleid wie auch die langen Flügel der Isis eine gewisse Entsprechung zu den Engeln. Die Gottheiten wie Isis oder Horus sind im Vergleich hierzu wie Engels- oder Schöpferkräfte. Allgemein werden die weit ausgebreiteten Flügel der Isis als schützende Kraft bewertet.

In den ägyptischen Darstellungen wurde die große Schutzfunktion der weiten Geste, die die Gottheit Isis symbolisiert, intuitiv zum Ausdruck gebracht. Sie ist nahe verwandt mit der engelhaften Geste: Das Haupt ist frei, während sich die Flügel fast schützend um den Raum spannen. Die Gesten sind nicht nur Symbole, sondern sie sind nahe einer schauenden Wirklichkeit. Wer eine geistige Sichtweise entwickelt, wird in relativ ähnlicher Weise das weitende und öffnende Prinzip, das der Engel im Gedanken erschafft, kennenlernen und gleichzeitig wird er bemerken, wie mit diesen Schöpferkräften des sich öffnenden Raumes eine Schutzkraft korrespondiert.

Der sogenannte Schutzengel könnte im Zusammenhang mit diesen metaphysischen Dimensionen der Engel oder Gottheiten bewertet werden, aber nicht der Engel oder die Gottheit schützt den Menschen, sondern seine Funktion schützt ihn. Der sich erhebende Gedanke trägt beim Menschen immer zu seinem Schutze bei.

in den tatsächlichen Inhalten gründet, die er als ideale und beste Lebensvoraussetzungen wählen würde. Die kreativen Kräfte können erst dann in das Leben in reichlichem Umfange hineinfließen, wenn der Übende den Mut und gleichzeitig die nötige Unterscheidungsfähigkeit hervorbringt, sein Leben wirklich zu führen und zu meistern und dies aus intelligenter und moralisch gut erwogener Haltung heraus. Glaubensprinzipien, Dogmen, rein äußerliche Moralvorstellungen oder traditionelle Vorgaben der Gesellschaft ersetzen diese aktive Auseinandersetzung nicht, denn der Übende muss den Bedingungen des Lebens mit bester Vernunft und Rationalität wie auch mit gelernter Beurteilungsfähigkeit entgegentreten.

Viele Menschen sind durch Glaubensformen, Vorgaben von Dritten oder Gesellschaftstraditionen einseitig an Verhaltensweisen gebunden, die sie aus ihrer seelischen Empfindung gerne überwinden würden, jedoch wagen sie die Schritte zur Freiheit und Selbstständigkeit im Denken und vor allem im Fühlen noch nicht wirklich. Der Erzengel möchte aber den Menschen zu einer größtmöglichen Freiheit in seinem Gefühls- und Seelenleben führen und ist keinesfalls daran interessiert, ihn in traditionelle Gebundenheiten oder vorgegebene Moralformen einzugliedern. Die Freiheit ist dann dem Menschen am besten gegeben, wenn er aufgrund seiner gelernten Fähigkeiten oder auch noch zu lernenden Möglichkeiten, Ideale für das Leben verwirklichen und Gefühle der Schönheit, Empathie, Anteilnahme und Beziehungsfreude zu anderen ausdrücken kann. Regeln des Lebens sind im Allgemeinen nicht zügellos verneinbar, noch dürfen sie den Menschen an den Leib ketten und ihm die Möglichkeiten der Entwicklung beschneiden. Eine Lebensregel oder moralische Formulierung bedarf in jedem Augenblick einer Erneuerung aus dem wirklichen zum Ideal errungenen Bewusstsein des Aspiranten. Der Übende erhält durch den Erzengel eine Verpflichtung zur Freiheit, die er annehmen muss, denn sobald er diese Möglichkeit, die in seiner Seele wurzelt, leugnet, nährt er entweder für sich oder auch für seine Umgebung Krankheiten.

Studiert jemand die Wirkungen des Erzengels, so schenkt dieser bereits sehr hohe Engel mit großen Flügeln dem einzelnen Menschen sein wirkliches Seelenzentrum. Er fördert die Kreativität in den Gefühlen und eine wahre Identität wie auch Authentizität im Denken und Handeln. Die Arbeit, die er vollbringt, ist wie eine zum Engel erweiterte Schutzfunktion, die er mit seinen großen Flügeln über dem Menschen tatsächlich bewirkt. Gemäß den Inhalten der Seele führt der Erzengel den Menschen. Diese wunderbare Führungsaufgabe zeigt sich darin, dass der Mensch genau jenes wird, was er in seiner Seele jeden Tag pflegt. Er verankert wie eine

Schutzkraft die besten und authentischsten Gefühle im Seelenleben des Menschen. Diese Gefühle geben dem Menschen Schutz und Integrität.

Eine weitere Funktion oder eine weitere Arbeit des Erzengels ist diejenige, dass er dem Menschen sogar eine Krankheit übermittelt. Diese eigenartige Aufgabe des Erzengels führt er nur aus dem einzigen Motiv aus, damit er das Seelenleben des Menschen vor den körperlichen Bedingungen und Abhängigkeiten rettet. Würde der Mensch diese lenkende und weisende Funktion des Erzengels nicht erhalten und nie eine Krankheit kennenlernen, würde er sich ganz in seine subjektiven karmischen Verstrickungen einleben und aus diesen auch niemals herausfinden. Die Führungsarbeit des Erzengels ist einzigartig, edel und folgt den Prinzipien einer intelligenten Aufgliederung, wie beispielsweise dass die Krankheit dem Körper gegeben wird, damit sich die Seele auf der anderen Seite durch eine aufsteigende Bewusstheit nicht in diesen verstrickt, sondern eine Freiheit bewahren kann. (3)

In jeder Krankheit zieht sich der Erzengel aus den natürlichen Bedingungen zurück, er lässt in einem sehr eigenartigen Sinne den Menschen bei sich und den körperlichen Umständen allein und dadurch können alle nur erdenklichen Krankheiten an den Menschen herantreten. Die schützende Natur der Engelsflügel fehlt um den Leib des Menschen und nahezu wie Parasiten greifen an bestimmten Stellen die Krankheiten den Menschen an und nehmen den Körper zu entsprechenden Anteilen entzündlich oder degenerativ gefangen. Der Erzengel will sich in dieser Welt nicht aufhalten, er zieht sich zurück, jedoch nicht aus Strafe gegen den Menschen, sondern da er sich nach anderen und besseren Idealen, Inhalten und Bedingungen sehnt. Er führt den Menschen durch seinen eigenen Rückzug.

Eigentlich sagt er zu dem Menschen: „Diese Umstände der Krankheit bist nicht du selbst, du wärst eigentlich ein anderer und solltest ein anderer sein und nach meiner Weisheit bemessen will ich, dass du ein anderer wirst. Die Krankheit ist deinem Körper gegeben, in der Seele aber will oder würde ich dich zu den Umständen, die dich frei von diesem Körper machen, führen und ich möchte, dass du dich in Ideale und Beziehungen hineinbegibst, die anderer Art und besserer Qualität sind. Mein Rückzug ist eine Führung zur Erhaltung deiner Seele."

Der Lernschritt, den der Übende aus den ersten Beobachtungen der Kreativkraft der Gefühle und des Wirkens des Erzengels, der die Gefühle in das Authentische führt, macht, ist derjenige, dass er sich nun bewusst wird, wie er das Leben nach den Idealen und Bedingungen am besten führen kann. Welche Umstände sollte er in Ruhe lassen? Hierzu gehört beispielsweise die Krankheit selbst und alle Bedingungen, die entgegen einem Ideal geleistet werden. Sicher muss man Untersuchungen und ärztliche Therapien machen, jedoch sollten diese nicht zur vollkommenen Identität des Seelenlebens werden. Der Übende braucht Bedingungen, die seine Kreativität in der Seele verankern und von dieser Kraft das Immunsystem und die gesamten gesundheitlichen Voraussetzungen zum Erstarken bringen. Der Erzengel scheidet zwischen Körper und Seele und will geistige Grundlagen mit ganzer Authentizität in der Seele verankern. Er führt den Menschen zu den verschiedensten Begegnungen, die genau für die Entwicklung angemessen sind. Manche dieser Begegnungen sind vielleicht als eine Art Prüfung zur Überwindung der Versuchung zu verstehen und andere sind wiederum zur mutigen Erkraftung eines nächsten Arbeits- und Beziehungsaufbaus anzunehmen.

Viele Personen meinen, sie wären in einer ungerechtfertigten Stellung des Lebens angekommen und könnten sich in Folge der persönlichen Umstände, der physischen Bedingungen und der Krankheiten nicht entwickeln. Es war aber der Erzengel, der im genau bemessenen Maße den Einzelnen zu diesen Bedingungen einmal hingeführt hat und ihm nun des Weiteren in der Entwicklung mit geeigneten seelischen Möglichkeiten zu Hilfe kommen möchte. Nicht die Position des Menschen ist bis zum heutigen Tage falsch gewählt, sie ist lediglich nicht wirklich im rechten Sinne der seelischen Möglichkeiten entfaltet. Große äußere Veränderungen geben nicht immer die besten Heilsansätze, wenn auch äußere Veränderungen von Zeit zu Zeit im Leben anstehen müssen.

Die inhaltliche Erkraftung im Gefühlsleben, in der Identifizierung mit erstrebenswerten Idealen möchte der Erzengel anregen und schließlich im Gemüte manifestieren. Der Übende auf dem Pfad seiner Heilswerdung muss sich im ausreichenden Maße die rechten Vorstellungen bilden, wie er selbst in mutiger Bewusstheit die Führung in seinem Leben übernimmt und sein Seelenzentrum im Verhältnis zu den Mitmenschen nach Idealen gründet. Dieser Lernschritt entspricht den Bemühungen des Erzengels und der Mensch kann eine Authentizität auf der realen Seelenebene, in welcher der Erzengel tätig ist, finden.

In einer weiteren dritten Weise lebt in der menschlichen Seele eine Grundkraft, die mehr als souverän und zielführend das gesamte menschliche Schicksal bestimmt. Sie kann als Kraft der sogenannten Archai, der ursprünglichen Engel, bezeichnet werden. Mit diesen Engeln ist diejenige

Kraft in der Seele tätig, die eine mächtige Konzentrationsbildung im Sinne einer Entwicklung der Seele zu einem immer vollkommeneren Aufbau ihrer Möglichkeiten organisiert. Es ist diese Macht mit dem Ich des Menschen und seinen unmittelbaren Gesetzen verbunden. Die Konzentration, die durch diese Engel erschaffen wird, ist jener Vorgang, der in der Geschichte des christlichen Abendlandes durch Tod und Auferstehung seine mythologische Bezeichnung fand. Das Ich will von dem irdischen Dasein vollkommen frei bleiben und zu irgendeinem Zeitpunkt des Lebens nimmt es in letzter Konsequenz seinen Sieg über den Körper. Alle Kräfte, die an den Körper gebunden waren, ersterben und der Leichnam übergibt sich der Erde, während das Ich in seiner souveränen Wirklichkeit immer schon frei von diesem Körper war und nun mit dem Tode aber ganz in das geistige Reich der Freiheit übertritt.

Beobachtet jemand die Wirkungen in dieser subtilen und doch mächtigen Sphäre des Geistes, erahnt er die leise Wahrheit, dass all das Gewordene, das Sichtbare und selbst alles Gedachte oder Erdachte bereits einer Art Vergangenheit angehört und sich die wahre Wirklichkeit des Ich in reinen Gedanken unmittelbar aus der irdischen Sphäre erhebt. Das Leben in seinem Verlauf kann sich auf dieser Grundlage der Erhebung der Ich-Kräfte sofort zur Erde bewegen, sich konsolidieren und verdichten. Der Geist des Menschen, im Ich gegründet, bleibt immerfort frei. Er kann niemals in die wirkliche Bindung absteigen. Die Archai in ihrer subtilen Macht bewahren den Menschen vor einer zu starken Bindung des Ich an die irdische Sphäre.

Leichter sind diese Archai verständlich, wenn die Betrachtung auf die allgemeine Lichtsphäre, die zunächst von der Sonne ausgeht, erfolgt. Durch die Anwesenheit des Lichtes erhellt sich der Raum, und die irdischen Gegenstände mit Farben und Formen erstrahlen im Glanze der aufgehenden Sonne. Diese Sonne mit ihrer Leucht- und Lichtkraft könnte aber niemals die irdische Erscheinung erhellen, wenn sie selbst ein Teil der irdischen Welt werden müsste. Das Licht erhebt sich in jedem Augenblick und lässt die irdische Sphäre gewissermaßen zurück. Im gleichen Sinne wie das Lichtwirken, erhebend, auferstehend und unmittelbar eine Unabhängigkeit durch seine eigene Souveränität offenbarend, wirkt der menschliche Gedanke, der sich in jenem Moment, ab dem er gedacht wird, aus allen Fesseln des irdischen Daseins befreit. Jeder Gedanke aber war in Wirklichkeit am Anfang frei und er wird auch wieder zurückkehren zu seiner eigenen Welt der sogenannten Ideen, zu jener Welt, die man zunächst als abstrakt oder geistig bezeichnet, und dort in diesem Reich wird er wie eine erhabene Sonne frei von jeglichen Zugriffen leuchten. (4)

Die Archai organisieren die Kräfte, die im Urbeginn waren, denn, wie ihr Name ausdrückt, sind es die Engel, die den Urbeginn aller Bewegung von Gedanken organisieren. Sie sind die Geistkreatoren des Urbeginns der menschlichen Entwicklung. Aus diesem Grunde muss der Mensch in seiner Entwicklung mit dem Körper zur Erde gehen, Teil dieser Erde werden und mit seinem Geist, das heißt mit seinen Gedanken, eine Freiheit und Unabhängigkeit gegenüber diesem körperlichen Geschehen entwickeln. Derjenige, der nun diese Wahrheit weiterdenken lernt, die in der menschlichen Seele machtvoll verwurzelt ist, bemerkt, dass die Krankheit einen notwendigen Weg zur Erde darstellt und der Tod zu irgendeinem Zeitpunkt des Daseins unvermeidbar sein wird. Der Tod heißt jedoch nicht, dass mit diesem Zeitpunkt das Leben zu Ende wäre, nein, er heißt vielmehr sogar, dass die Möglichkeit einer größeren Freiheit im Sinne der zu realisierenden Gedanken eintritt. Es sollte jedoch nicht die Versuchung erfolgen und jemand, der sich im Leiden befindet, der Neigung nachgeben, Todessehnsüchte zu hegen. Jede Minute des Lebens, jede Möglichkeit, die Gesundheit zu verbessern und die Kräfte nach bestmöglichen Gefühlen der Verantwortung auszunützen, ist nach geistiger Sicht der Schöpferkräfte die Pflicht jedes Patienten und im besonderen Maße jedes Arztes.

Dennoch sollte die Angst vor Krankheit oder Tod den Menschen nicht in seinen Bemühungen zu weiterer ganzheitlicher, vor allem geistiger Entwicklung lähmen. Wie sehr aber ergreifen die ängstlichen Kräfte von dem physischen Körper hartnäckigen Besitz und verhindern jegliche Zukunftsperspektive sowie die Hoffnung auf ein wirkliches Heilwerden. Die Auferstehung liegt in der Möglichkeit jedes Menschen und diese ist eine geistige Auferstehung. Der sogenannte *circulus vitiosus*, der Teufelskreislauf, beginnt aber mit den Ängsten und endet im Verhängnis einer unausweichlichen Determination, die schließlich leichter das irdische Leben reduziert und den Geist des Menschen nicht zu seiner möglichen und anlagegemäßen Entfaltung kommen lässt. Bleibt der Mensch bei der Frage stehen, welche Vorkehrungen und Bemühungen er treffen muss, um allen Gefahren, Krankheiten und Schicksalen vorzubeugen, wird er schließlich nahezu ein ganzes Leben lang mit dieser selbst auferlegten Aufgabe beschäftigt sein.

Wenn aber jemand bei klaren Gedanken und soliden Überlegungen ein Ziel im Leben erreichen möchte, ein möglichst ordentliches, ethisches und hohes Ziel, so werden ihm die Kräfte über den Astralleib auf den Ätherleib zugeführt und dieser letztere wird in weiser Intelligenz das Leben sicher erhalten. Derjenige, der krank geworden ist, braucht in dringendstem

Maße eine Zielorientierung und Zielperspektive, die er über die persönliche Situation hinaus im besten konkreten Sinne erdenken und erschaffen soll. So wie der Engel die Gedankenkraft des Menschen über die Körpersphäre und irdische Sphäre erhebt, so sollten sich der Arzt wie auch der Patient über das verzweifelte kranke Dasein hinaus erheben und den Willen zu neuen Möglichkeiten organisieren. Der Tod wird immer im richtigen Augenblick eintreten, jedoch muss der Übende die menschliche Selbsterhebung zu Zielen und Gedankenperspektiven in einer umfangreichen Eigenverantwortung selbstständig treffen. Diese so ungewöhnliche und mutige Aktivität bringt sein Licht in der Seele auf eine unabhängige Stufe und in eine große Dimension.

Diese drei verborgenen Dimensionen, die mit dem Engel, dem Erzengel und den Geistern des Urbeginns, den Archai, verbunden sind, arbeiten im menschlichen Leibe und organisieren die Entwicklung zu einem höheren und vollkommeneren Aufstieg. Wer sie ausreichend nach diesen kurz skizzierten Inhalten studiert, bemerkt, wie er leichter in sein wirkliches Zentrum, in das Zentrum des Geistigen und Seelischen, eintreten lernt. Das menschliche Innere ist nicht eine auf den Körper bezogene abgeschlossene Dimension, es ist vielmehr das gesamte Universum selbst, das in spezifischen und so oft schwer erfassbaren Geheimnissen an den Menschen herantritt und ihn schließlich zu etwas ganz anderem werden lässt, als er sich am Anfang mit aller Fantasie erdacht hätte. (5)

(1) Ein praktisches Beispiel verdeutlicht, wie dieser lichte Prozess mit besonders feinsinnigen Empfindungen den Menschen bereichert:

Aus einer Imaginationsquelle erfährt der Übende, dass die Kuh auf der Weide das Erdentier ist und der Hirsch im Walde das Sonnentier. Weiterhin liest er, dass die Kuh mit ihren Hörnern die Impulse des Kosmos empfängt und diese unmittelbar an die Erde abgibt und der Hirsch mit seinem Geweih die Impulse, die er empfängt, wieder in den Kosmos zurückstrahlt. Und schließlich liest er noch die eigenartige Bedeutung, dass es notwendig wäre, den Kühen die Hörner zu lassen, damit kosmische Impulse in die Erde eindringen können, und den Hirschen im Wald Lebensräume zu bieten, damit diese – so eigenartig die Imagination erscheinen mag – die Temperaturen aus den Wäldern rückwirkend zum Kosmos regulieren. In einer Zeit, in der die Erderwärmung mit dem Abschmelzen der Gletscher eine bedrohende Gefahr darstellt, erscheint es aus dieser Imagination heraus gesehen dringendst nötig, die Hirsche wieder in den Wäldern anzusiedeln und ihnen ausreichend Lebensräume zu geben.

Indem der Einzelne nun diese zunächst fantastisch erscheinenden Gedanken längere Zeit denkt und sie nicht sofort als Unsinnigkeiten verwirft, bemerkt er bald ein ruhiges Gefühl in seinem Herzen und er wird beispielsweise in seiner Seele mit der Beobachtung der Kühe eine Art Farbempfindung erleben, die an die Transparenz der Hörner selbst erinnert, gelblich-bräunlich. Bei Bergkühen wird diese vielleicht in rosa oder in leicht bläuliche Töne übergehen. Mit der Beobachtung dieser Hörner beginnt der Übende die zugehörende kosmische Ätherkraft zu erschauen. Er wird aufmerksam auf die Wichtigkeit der Hörner, die die Kuh trägt, und auf das Geweih, das der Hirsch regelmäßig abwirft und der Erde übergibt. Beim Hirschen beispielsweise erlebt der Aspirant eine bläuliche Farbe. Das ist die Farbe des Wärmeäthers, der aber auf die Erde hin nicht erhitzend, sondern harmonisierend oder tendenziell kühlend wirkt. Dieses Farberleben, eventuell verbunden mit einigen Formgefühlen, ist charakteristisch für die Disziplin des geistigen Schauens. Es äußert die ersten Ergebnisse von realen Empfindungseindrücken, die aus dem getätigten Gedanken und der wiederholten Vorstellung objektiver Art entstehen.

Spirituelle Gedanken aber mögen für den unbefangenen Leser erst einmal wie unrealistische Träumereien oder gar Widersprüchlichkeiten zur materiellen Welt erscheinen. Leichtfertig werden sie als unnütz abgefertigt, und in der Folge dieser schnellen Erledigung durch den Intellekt kann das in der Imagination liegende Potenzial nicht mehr bis zur menschlichen Empfindung vordringen. Ein großer Nutzen wäre aber zu gewinnen, wenn man diesen Inhalten, die aus Geistforschungen entstehen, eine reale Aufmerksamkeit schenken würde. Die Gedanken sind zu denken, aus dem Denken entsteht die Empfindung, die tatsächlich eine reale metaphysische Dimension trägt, und diese Empfindung wird schließlich durch die menschliche Seele mit einem Kräftewirken manifestiert. Der Übende, der die Imagination bis zur Empfindung schult, bringt mit der Betrachtung des Hirsches, oder nur mit der Erinnerung an diesen, jene harmonisierenden Wärmeätherkräfte in die Erdensphäre. Er handelt nicht durch den automatisierten Instinkt, sondern durch menschliche Bewusstheit, die über seine Seele erstrahlt. In der Folge entsteht eine Wertschätzung und aus dieser wird bald ein praktischer Nutzen realisierbar. Ein Licht findet in die Seele des einzelnen Menschen und dieses wird neben dem praktischen Nutzen den Leib wie auch die Erde und die Pflanzen und die Tierwelt heilsam beeinflussen.

(2) Es gibt in der abendländischen Philosophie die Begriffe des Denkens *a priori* im Vergleich zum Denken *a posteriori*. Das erstere wendet sich unmittelbar an die Ideenwelt des Geistes, während sich das zweite einer Art Synthese der schon gedachten und vorhandenen Gedanken widmet. Die zweite Art könnte vielleicht auch als Nachdenken bezeichnet werden, sie ist weniger unmittelbar und deshalb geneigt, materialistisch zu werden. In Sanskrit wird das Denken mit Ideen, gewissermaßen als Vordenken, mit *dhyāyataḥ* bezeichnet.

(3) Krankheit stellt einerseits Schutz für den Menschen dar, da sie ihn vor fehlerhaftem, determinierendem Verhalten bewahrt. Sie fordert Rückzug, Einschränkung der Möglichkeiten und Abstand von allzu frivolen Umgangsformen, sie will dem Menschen Bewusstheit geben und ihn stärker von den vitalen, unbewussten Willenshandlungen abhalten. Das Bewusstsein muss gegenüber den unbewussten und vitalen Strömungen des Leibes mehr zum Einsatz kommen. Auf der anderen Seite ist die Krankheit jedoch auch eine Bürde, die dem Einzelnen nicht nur infolge von Fehlern, die er selbst begangen hat, auferlegt wird, sondern die er aus einem kollektiven Gesamten aufnimmt. In jedem Falle aber ist es ratsam, dass der Übende sich nicht zu stark mit der Krankheit an den Leib bindet. Entwickelt er ein bewusstes Umgehen beispielsweise gegenüber Wärme- und Kälteeinflüssen, verhindert er leichter eine Unterkühlung und dadurch ein Krankwerden durch Atemwegsentzündungen und andere sogenannte Erkältungskrankheiten. Das bewusste Umgehen ist eine erste Erziehung zur Leibfreiheit.

(4) Diese Welt wurde in Sanskrit immer mit *brahman* bezeichnet.

(5) Am Anfang war der Gedanke, dieser war und ist und bleibt rein. Der Gedanke aber erzeugt ab jenem Moment, ab dem er bewusst gedacht wird, eine Bewegung, die sich in ihrer intelligenten und nach Gesetzen wohl abgestimmten Weise in unsichtbaren Strukturen oder ersten metaphysischen Formen offenbart. Die Bewegung erzeugt aus diesem Grunde Strukturen, aber der Ursprung der Bewegung ist nicht sichtbar, sondern nur ihr Ende oder ihr Endpunkt. Am Anfang der Bewegung steht ein Licht, repräsentiert durch den Gedanken. Die irdischen Farben und Formen sind ein Ergebnis von den Kräftewirkungen der Engel, die mit ihrem eigenen Begehrensdrang in die menschliche Entwicklung hineingehen. Sie erzeugen die Aura in Farbenspiel und weisen Formen.

Rudolf Steiner erwähnt neun Engelswirkungen, die er in drei Hierarchien unterteilt: Die erste Hierarchie sind die Seraphim, Cherubim und Throne, und sie entspringen aus den Wärmekräften des Saturns. Sie geben die erste Uranlage des Ich im Menschen. Mit der zweiten Hierarchie, den Exusiai, Kyriotetes und Dynameis, tritt der Sonnenstatus mit seinem Licht in die Wärme hinein und von diesem ausgehend entwickeln sich die Strukturkräfte. Die Exusiai sind beispielweise auch die Geister der Formbildung. Die dritte Hierarchie von Archai, Archangeloi und Angeloi stellt schließlich das Begehren dar, das die Farben erzeugt. Da die Dreigliederung ineinandergreift, beispielsweise der Archai im Willen und ganz stark im Ich des Menschen wirkt, der Archangelo im Gefühl und der Angelo im Denken, zeigen sich die verschiedensten Übereinstimmungen mit der großen neunteiligen Hierarchie. Die formbildenden Kräfte beispielweise durch Exusiai lassen sich deshalb auch in der unteren Hierarchie entdecken, denn sie geben ihre Offenbarungen ab, und es lässt sich im Ätherleib beispielsweise die Bewegung erkennen.

Die Bewegung ist unmittelbarer Ausdruck des Ätherischen und der Gedanke verursacht als höhere Dimension diese Bewegungen. Schließlich kann das Resultat der Bewegung in einer metaphysischen und zuletzt sogar in einer physischen Form erkannt werden. Allen Formen geht die Bewegung voraus. Für die Heilserkraftung der Seele dürfte es vorläufig genügen, ein Studium von Archai, Archangelo und Angelo vorzunehmen.

Das Symbol der Feder, das im alten Ägypten der Göttin Maat zugeordnet wurde, ist deshalb erwähnenswert, da die Feder mit dem Licht eine außerordentlich nahe Verbindung aufweist und sie deshalb sogar als Maßeinheit für das Totengericht erwählt wurde. Mit der Feder, dem Lichtsymbol, wurde beispielsweise von der Göttin Maat das Herz nach den moralischen Werten gewogen. Nicht ein physisches Gewicht sollte dieses Herz wägen, sondern ein lichtes, leichtes Gewicht, eben die Feder mit ihrem streichelnden und fast schwerelosen Charakter, wurde für den bildlichen Wägevorgang gewählt.

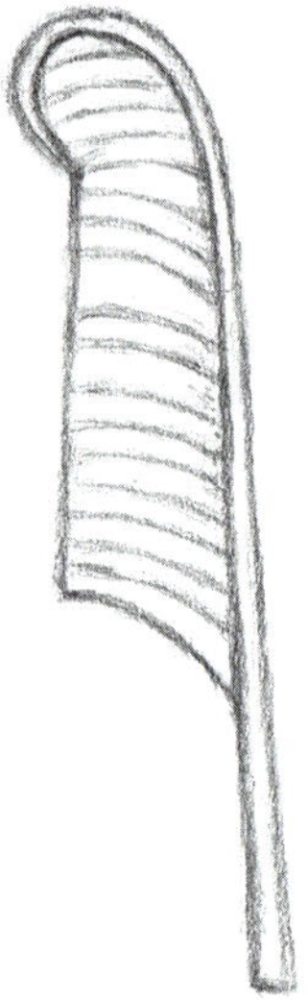

In alten Zeiten wählte man tatsächlich die einzelnen Symbole nicht durch einen Zufall, sondern man wählte sie mit einer ausgesprochen intuitiven Empfindungsgabe und nach den Vorgaben, die die damaligen Initiierten den Künstlern offenbarten. Die Feder ist feinst ziseliert, sie trägt den Vogel in den Lüften und sie besitzt einen außerordentlich hohen Kieselgehalt, der Ausdruck für die kosmische Beziehung der Feder ist. Das Licht und der Kosmos gehören im alten Ägypten wie eine Einheit zusammen und deshalb ist die Feder dasjenige Wahrheitssymbol, das geeignet ist, den moralischen Wert des Herzens im Totengericht, das heißt im Jenseits, zu bemessen.

11. Welche Dimension bleibt nach dem Tode im Seelenreich zurück?

In einer abschließenden Betrachtung darf und muss sich der Aspirant auf dem geistigen Schulungsweg die Frage stellen, was oder welche Taten, Worte, Wirkungen nach dem Tode bleiben, das heißt, welche metaphysischen Kräfte, übergeordneten Gefühle und stillen Verbindungen nach dem physischen Abscheiden in die Wirklichkeit des Kosmos eingehen. Während es im irdischen Dasein in der menschlichen Ausdrucksgebung die verschiedensten Fähigkeiten und Eigenheiten gibt, wie beispielsweise die Kapazität, gewissenhaft und systematisch zu denken, oder die Tugend der Hilfsbereitschaft, die Natur des Fleißes, die Anlage zu künstlerischer Ausdrucksgebung in Musik oder Wort und vieles mehr, existiert noch anders und sogar im besonders gesteigerten Maße im Seelisch-Nachtodlichen eine ganz andere Dimension von übermittelbaren ausstrahlenden verborgenen Fähigkeiten.

Diese Dimension des wirklich wahren Seelischen jedoch bleibt während der Lebenszeit fast immer unentdeckt, denn sie ist in jeder Weise anders, als es das gewöhnliche Vorstellungsleben zulässt. Vielleicht sagte jemand über einen anderen, er sei ein guter Mensch und nun aber tragischerweise verstorben. Welche Kräfte und damit verbundenen Ausstrahlungen bleiben mit diesem sogenannten guten Menschen wirklich in der Atmosphäre oder astralen Wirklichkeit zurück? Das Geheimnis der Seele ist groß und faszinierend, es ist den gewöhnlichen Sinnen so sehr andersartig, dass es nicht mit Schlussfolgerungen oder kleinlichen Spekulationen erfasst werden kann.

Die Frage, was und welche Dimension der Mensch nach dem Tode in seiner Seele repräsentiert, lässt sich vielleicht leichter beantworten, wenn sich der Übende auf dem Geistschulungsweg der Vorstellung hingibt, dass die Sinne, wie beispielsweise die Augen, einen Gegenstand in der Welt sehen und das Gehirn schließlich diesen Gegenstand mit einem Namen oder mit einer Bewertung reflektierend aufnehmen kann. Auf diesen Aufnahmeprozess eines zunächst Äußeren in das Innere erfolgt schließlich eine natürliche Reaktion des Abgebens. An das Auge tritt die weiße Apfelblüte heran und derjenige, der die Betrachtung erlebt, fühlt mit dieser Blütenerscheinung das Frühjahrsleben. Er wird erinnert an den wachsenden Tag und an die aufsteigende Sonne. Unbewusst oder zumindest in den meisten Fällen nur sehr halbbewusst nimmt der Betrachter die verschiedensten Eindrücke in der Welt auf, beantwortet sie mit Emotionen und Gefühlen und gibt sie vielleicht mit einigen kleinen Worten an seine Mitmenschen weiter. Ein beständiges Aufnehmen und in der Folge aber auch ein Abgeben findet durch den Menschen jeden Tag statt. Der Sinneseindruck erfolgt durch das Licht und dieses vermittelt dem menschlichen Nervensystem die Möglichkeit zu reagieren. In einer sehr einfachen, aber doch nicht unwichtigen Betrachtung darf man deshalb sagen, dass der Mensch Sinneseindrücke und damit ein Licht von außen aufnimmt und beständig in seinem Leben dieses wiederum an seine Umgebung abgibt.

Das Licht zirkuliert unsichtbar, aber erscheint dennoch im Seelenreich schließlich in Form von verschiedenen Farben. Der Mensch nimmt beispielsweise die Apfelblüte im strahlenden weißlichen Leuchten auf und beantwortet diese Aufnahme mit einem schwärmerischen emotionalen Gefühl. Welche Farbe würde dieses schwärmerische subjektive Gefühl des Menschen, das er als Reaktion auf den Sinneseindruck produziert und nach außen abgibt, darbieten? Das Weiß der Blüte nimmt den Weg einer Infiltrierung durch den Menschen und gibt sich in bräunlichen, gräulichen oder sogar dunkleren Tönen nach außen wieder. Jeder Mensch strahlt das Licht, das er von außen aufnimmt, in einer subjektiven und neuen Weise wieder zurück auf seine Umgebung. Eine Emotion verfärbt die schöne natürliche Farbe der Blüte und gibt ihr einen bräunlichen oder abdunkelnden Charakter. Der Mensch nimmt deshalb eine reine Farbe der Natur auf und gibt in der weiteren Folge eine Art Verfärbung und Abdunkelung wieder.

Je nachdem wie der einzelne Betrachter Ideale und Gedanken zu einem sichtbaren oder denkbaren Objekt entwickelt und wie diese sich im Verlauf der Bewusstseinsaktivität ausformen, erstrahlt aus seinem Seelenleben eine Farbe in einer spezifischen Qualität nach außen. Dieses Licht, das nach außen erstrahlt, Farben und Formen repräsentiert, erhebend und erhellend sein möchte, umschließt seine Seele im nachtodlichen Reich des Kosmos. Der Betrachter verliert seinen physischen Körper und geht in das Licht, das er selbst an seine Umgebung und an alle Mitmenschen abgibt, hinein. Aus diesem Grunde repräsentiert der irdische Bürger in seinem weltlichen Dasein vielmehr das Empfangene, dasjenige, das er von der Welt empfangen hat, und erst im Nachtodlichen repräsentiert er jene Dimension des Lichtes, die durch Ideale und Entwicklungsformungen errungen wurde und die schließlich nach außen ausstrahlte. Jeder einzelne Bürger dieser Erde will das erhaltene Licht in nächsthöhere, edlere und sogar schönere Formen transformieren, denn er will mit seiner Seele nicht nur an dem Weltendasein passiv teilnehmen, er will es kultivieren, veredeln und eine höhere Stufe der bisherigen Umstände kreieren.

Dieser sogenannte Lichtreaktionskreislauf von Empfangen und Geben offenbart sich in seiner ganzen Dimension im nachtodlichen Dasein. Die äußeren empfangenen Eindrücke gleiten mit dem physischen Abscheiden in das Reich des Weltendaseins, während alle Kräfte, die der Mensch erringen konnte und die er durch Ideale und Forschungsarbeiten an den Objekten der Welt erbrachte, in einer spezifischen Lichtdimension und somit in einer seelisch ausstrahlenden Wirksamkeit bleiben. Mit den Farben sind Charaktereigenschaften und moralische Kräftewirkungen ebenfalls in einer Art Rückstrahlung auf die Erde wirksam.

12. Der Lichtäther gewährt heilsame Gestaltungskräfte

Zusammenfassend zu dem bisher Gesagten über die Entfaltung der inhaltlichen spirituellen Denk- und Empfindungstätigkeit und über das Weiterleben der Seele nach dem Tode kann die Erkenntnis erfolgen, dass der Lichtäther eine sehr sensible gestaltbildende Kraft auf die persönliche Formung, auf die Umgebung und auf die Mitmenschen bewirkt. Dieser Lichtäther entspringt aus der Natur des Kosmos, aus sich selbst expandierend, verschönernd, erhellend und wirkt abbauend, ja sogar tötend, und somit formgebend und strukturbringend auf die Materie. In einer Analogie zu dieser kosmischen Lichtäthertätigkeit, die universal in der ganzen Welt wirkt, liegt und erstrahlt die menschliche Gedanken- und Empfindungsbildung, denn auch diese wirkt auf das Leben strukturfördernd, das heißt, auf der einen Seite erhebend, erleichternd, befreiend und auf der anderen Seite auf die Materie begrenzend, in feinster Weise tötend. Diese Wirkungen des Abbaues mit sensiblen Tötungsprozessen, beispielsweise an der Haut, sind für die Gesundheit und für den Fortschritt des Bewusstseinslebens von außerordentlich wichtiger Bedeutung. Die Lichtätherkräfte können Strukturen und Formen erzeugen, da sie diese begrenzen und an der Peripherie mit feinsten Tötungsabsichten in die Erdenstruktur hineinorganisieren. (1)

Derjenige, der krank ist, ist in der Regel immer überlastet, denn er unterliegt Einflüssen, wie beispielsweise dass er aus existenziellen Gründen Arbeiten tätigen muss, die er nicht gerne absolvieren würde. Diese Art auferlegter Pflichten fördert häufig die intellektuelle Überforderung, die niemals mit einer wirklichen eigenen Denktätigkeit zu verwechseln ist. Der auf diese Weise überladene Mensch muss beispielsweise eine Rechtsanwaltprüfung absolvieren und somit unendlich viele Gesetze studieren. Er kann diese Gesetze gar nicht denken, sondern er muss sie einfach studieren, gewissermaßen in sich intellektuell aufspeichern. Der Gegensatz von Intellektualismus und wirklicher Denktätigkeit ist bemerkenswert groß.

Die Umkreisbewegung des Lichtäthers kann beispielweise im Intellektualismus oder auch in passiven Lebensgewohnheiten nicht mehr zur Entfaltung und Formgebung gelangen. In der Krankheit ist der Mensch sich selbst gegenüber keinesfalls frei. Der schöne formbildende, zierende und ziselierende Vorgang an der Peripherie des menschlichen Leibes durch den Lichtäther will in die beruhigende Berührung mit dem menschlichen Leibe kommen, während aber Überladungen und einseitige Anforderungen den Menschen in Unruhe und sogar in unvernünftige Kompensationshandlungen treiben. Die Entfaltung von Perspektiven und die Entwicklung eines wiedereingreifenden Lichtäthers geschieht auf all jenen Ebenen, in denen sich der Mensch frei und mit freien Gedanken bewegen kann. Einfache Übungen, die die subjektive Gewohnheitswelt in eine objektive Wahrnehmung überführen, und gleichzeitig das Lesen von inspirierten Schriften und Wiederholen der Gedanken, die gelesen werden, können erste Ansätze bilden, um den Kreislauf des Subjektiv-Gewohnheitsmäßigen innerhalb der überdurchschnittlich auferlegten Pflichten und Gesellschaftsforderungen mit erster Bewusstheit zu durchbrechen und in eine Neuorientierung zu führen. Jede einzelne bewusst getätigte Außenbetrachtung mit bewusst gewählten Gedanken wirkt bereits objektivierend, befreiend und stärkend, selbst wenn die Stressfaktoren groß sind.

Die Stressbelastungen und deren Mechanismen der Vereinnahmung des Bewusstseins muss der Übende auf diesem Pfade trotz ärztlicher Versorgung selbstaktiv überwinden, regelrecht mit Selbstüberwindung und Mut zum Denken und Fühlen. Der Körper geht ab jenem Moment, ab dem der Mensch zu denken beginnt, zur Erde, denn das Denken beruhigt. Die Seele tritt in eine Erweiterung hinein und dadurch entstehen bessere Empfindungen und der Geist mit seiner Substanz schenkt eine erste Stabilisierung. Durch eine vernünftige Beobachtung und wohlüberlegte gedankliche Ausrichtung wird der Übende feststellen, dass das Leben doch in jedem Moment ein eigenes Eingreifen des Bewusstseins benötigt. Die Angst vor einer wirklichen Selbstaktivität des Denkens entsteht aber auch in besonderem Maße, wenn sich der oder die Betroffene in ständigem Ringen um bessere Umstände und ein angenehmeres Wohlbefinden bewegt. Welche Illusionen besetzen das Gemüt? Aus der Sicht der geistigen Welt ist es gleich, ob sich jemand wohl, gesund und psychisch im Gleichgewicht befindet oder ob vielfache Störungen mit körperlichen wie auch psychischen Belastungen bestehen. Nach dem Abscheiden des physischen Leibes vergehen diese Einschränkungen und Kränkeleien, selbst auch die psychischen, denn sie sind lediglich auf die irdische Welt begrenzt und tragen sich niemals in das wirkliche Seelenleben nach dem Tode fort.

In der Entwicklung der Heilkraft aus dem seelischen Vermögen entstehen deshalb nur Fortschritte, wenn diese in der Freiheit idealer Gedanken angesetzt wird und nicht im Körper. Die ärztliche Behandlung ist ein Teil der Versorgung, aber dieser richtet sich vor allem an die Erhaltung der Physis. Der mental-willentliche Versuch, aus der Krankheit in die Gesundheit zu gelangen, scheitert aber, wenn der Betroffene oder die Betroffene sich darin zu einseitig manifestiert, er scheitert durch sich selbst, denn das Physische kann sich keinesfalls, auch nicht mit größten Anstrengungen, aus sich selbst heraus regenerieren und heilen. Der Einfluss eines übergeordneten Gedankeninhaltes, der langsam durch Konzentration zur Individualisierung gebracht wird, schenkt den Schlüsselansatz für jede Heilung aus der Seele. Viele Personen können einen Fortschritt auf diesem Weg nicht erlangen, da sie die möglichen Gedanken einer Lebensperspektive aus geistigen Idealen nicht in die Mitte ihres Lebens platzieren, sondern bei ihren subjektiven Gefühlen und Neigungen einseitig und willentlich ansetzen.

Der Übende lebt schließlich nicht, um das Bedürfnis nach Gesundheit und Wohlergehen in dieser Erdeninkarnation zu erfüllen, er lebt vielmehr für ein fortschrittliches Ideal und durchaus für jene Seelen, die Großes im Leben vorbildlich geleistet haben. Aus den Idealen und aus jenen Seelen, die sich mit tatkräftigen Leistungen und schönen Offenbarungen verwirklichten, erstrahlt eine große Lichtätherkraft, die der Übende durch seine getragenen Motivationen, seine inspirierenden Interessen und seine beflügelte Hinwendungsfähigkeit aufnimmt. Das Licht erstrahlt über seine ganze Person und erfreut den Tatendrang zu weiteren Realisationen.

Betrachtet jemand beispielsweise die Physiognomie eines Menschen, der sich zu Idealen und denkbaren Perspektiven orientiert und der gleichzeitig mit Interesse, Fragen und Gedankeninhalten an die Außenwelt herantritt, bemerkt er, wie diese Disziplin gesunde Formbildekräfte entwickelt. Der Gedanke, der gedacht wird, bringt Bewegung, diese bewirkt Strukturierungen und schließlich zeichnet sich die Schönheit in der einzigartigen Formgebung. Die Stirn erscheint bald mit sehr klaren Zügen, die Faltenformen harmonisieren sich, das Haar nimmt Harmonie mit der Kopfform an und selbst die Wangen und Kinnpartien nehmen eine tonisierte und durchgestaltete Form an. Die Augenbrauen erheben sich in ganz leichten, man könnte sagen ätherischen Schwüngen. Die Lichtätherkräfte, die sowohl am Menschen als auch in der Natur gestaltbildend wirken, tragen auf feinstofflicher Ebene gerade jene Ausformungen im Sinne eines bildenden Potenzials an den Menschen heran, die bewirken, dass der Mensch weder zu hart in seiner Ausstrahlung, noch zu tonungslos oder weich erscheint. Auf sensible Weise ertötet sozusagen das schöne Licht das einseitig wuchernde Wachstum von phlegmatisch wässrigen Tendenzen.

Die Form entwickelt sich in Schönheit und Anmut und das Spiel der lichten Gestaltbildungskräfte wird immer am besten an den Augenpartien und Augenbrauen sichtbar. Jenes Kräftewirken, das durch Lichtäthersubstanz entsteht, erschafft ein physisches Antlitz, das in eine Verbindung mit den Weltenschöpferkräften tritt und gleichzeitig in der Formbildeerkraftung eine solide Individualität mit einzigartiger Schönheit bildet. Die Formbildekräfte sind heilsam und die Seele des Menschen vermag diese durch inhaltlich-gedankliche Empfindungen oder empfindsam-inhaltliche Gedanken zu organisieren.

(1) Der Lichtäther wirkt zentripetal, in großem Umfang vom Kosmos auf die Erde. In dieser Wirkungsrichtung, von oben nach unten, fördert er beispielsweise die gesunden Ausscheidungsprozesse. Die Gedankenbildung, die in Analogie zu der Lichtäthertätigkeit steht und wie sie in den Ausführungen dargelegt ist, bewirkt auf praktische und direkte Weise eine hervorragende Sekretion und Ausscheidung mit ihren reinigenden und gesundheitsfördernden Wirkungen. Nach dem Sanskrit entspricht diese Lichtäthertätigkeit annähernd den *apāna*-Strömen, den Energieverhältnissen, die im Körper beispielsweise von der oberen Verdauung nach der unteren wirken. Während der Körper auf gesunde Weise nach unten und an die Peripherie ausscheidet, bildet er an seiner Peripherie zur gleichen Zeit die Strukturierungen und Begrenzungen. Das im Yoga sehr bekannte *prāṇa* wirkt im Gegensatz hierzu auf die aufsteigenden Ströme und kann deshalb energiebringend auf das Aufrichtevermögen des Menschen wirken. Ein gutes *apāna* fördert deshalb im Gegenzug das *prāṇa*.

Die Ausdrucksgebung dieses Gesichtes offenbart ein sehr geringfügiges Eingreifen der Lichtkräfte in die physische Region. Vielleicht könnte man glauben, es sei eine Art träumerischer Zustand. In jedem Falle könnte eine denkende Tätigkeit mit logischen und konkreten Inhalten eine bessere Formung bewirken, wie beispielsweise das zweite Bild zeigt, das die gleiche Person zu einem späteren Zeitpunkt skizziert. Der Gedanke wirkt aber erst dann, wenn er in seiner freien Verfügbarkeit aktiv gedacht wird. Träume, Emotionen oder intellektuelle Spekulationen formen den Menschen nicht.

Die Formbildekräfte können relativ schnell wirksam werden und die einzelnen plastischen Abschnitte des Gesichtes evidenter herausbilden. Meist treten höhere Formen in die Erscheinung, besonders die Stirn, in der Folge die Wangen und zuletzt sogar die Kinnpartie treten unaufdringlich in einer sympathischen Plastizität hervor. Die Lichtätherkräfte formen ganz besonders das menschliche Antlitz, aber auch die Hände und schließlich den ganzen Körper.

Literaturempfehlung

HEINZ GRILL

Das Wesensgeheimnis der Seele
Die Organe des Menschen, ihr seelischer Zusammenhang und die Möglichkeiten eines spirituell orientierten Bewusstseinsaufbaues – Vier große Entwicklungsprozesse

Ein Neuer Yogawille
und seine therapeutische Anwendung bei Ängsten und Depressionen

Die Seelendimension des Yoga
Praktische Grundlagen zu einem spirituellen Übungsweg

Die Signaturen der Planeten und die seelisch-geistige Entwicklung in der Pädagogik

Ernährung und die gebende Kraft des Menschen

Die Idee des rhythmischen Zusammenwirkens
Die Empfindungsseelenkultur im alten Ägypten und ihre Impulse für die Gegenwart

Licht- und Wärmekräfte in Mensch und Natur

Kosmos und Mensch (Neuauflage Herbst 2015)

Das Lehrer-Schüler-Verhältnis innerhalb der seelisch-geistigen Entwicklung

Die Seelsorge für die Verstorbenen
Initiatorische Schulung, Band V

Gemeinschaftsbildung und Kosmos
Die Individualität im Verhältnis zur Universalität, Karma und Reinkarnation
Initiatorische Schulung, Band VI

Verborgene Konstellationen der Seele
Wie wirken das Ich, der Engel, Erzengel und Archai im Werden der Seele?

RUDOLF STEINER

Wie erlangt man Erkenntnisse der höheren Welten?

Die Sendung Michaels

(beide Bücher erschienen im Rudolf Steiner Verlag, Dornach)

Weitere Informationen und themenbezogene Literatur unter
www.stw-verlag.com